高校体育教学的科学化设计与
管理研究

徐芳芳　丛金日　宋明亮　著

中国青年出版社

图书在版编目(CIP)数据

高校体育教学的科学化设计与管理研究/徐芳芳，丛金日，宋明亮著. --北京:中国青年出版社,2024.11. --ISBN 978-7-5153-7584-7

Ⅰ.G807.4

中国国家版本馆 CIP 数据核字第 20254VD797 号

高校体育教学的科学化设计与管理研究

作　　者:徐芳芳　丛金日　宋明亮

责任编辑:刘　霜　罗　静　邵明田

出版发行:中国青年出版社

社　　址:北京市东城区东四十二条 21 号

网　　址:www.cyp.com.cn

编辑中心:010—57350508

营销中心:010—57350370

经　　销:新华书店

印　　刷:北京联兴盛业印刷股份有限公司

规　　格:710mm ×1000mm　1/16

印　　张:9.75

字　　数:135 千字

版　　次:2024 年 11 月北京第 1 版

印　　次:2024 年 11 月北京第 1 次印刷

定　　价:68.00 元

如有印装质量问题,请凭购书发票与质检部联系调换

联系电话:010—57350337

前　言

当今社会，随着人们对健康的重视程度不断提高以及教育理念的不断更新，高校体育教学面临着诸多新的挑战和机遇。如何设计出更加科学的体育教学体系，如何进行更加有效的教学管理成为广大教育工作者和研究者关注的焦点。本书作者凭借其在体育教育领域的丰富经验和深入研究，对高校体育教学的各个方面进行了系统的梳理和分析。从体育教育的起源与基本理论出发，探讨了体育教育的产生、发展、本质、结构与功能等核心问题，为读者呈现了全面而深入的理论基础。书中详细阐述了高校体育教学的基础理论，这些内容不仅涵盖了传统的教学理论和方法，还紧跟时代步伐，引入了许多新的理念和模式，如"以人为本""健康第一""终身体育"等教学理念，以及分层次教学法、体验式教学法、互动式教学法等创新教学方法。

在教学管理方面，本书从高校体育教育管理的本质、形式、特色和原理入手，深入探讨了如何构建科学合理的教学管理体系，包括课程管理、教学过程管理、课外活动管理、体育文化管理等多个维度。这些内容为高校体育教学的管理者提供了宝贵的参考和指导。

本书的研究成果不仅对于高校体育教学的实践具有重要的指导意义，也为体育教育领域的理论研究提供了新的思路和方法。我们希望这本书能够为广大高校体育教育工作者、研究者以及学生提供有益的帮助，同时也期待着更多的人关注和参与高校体育教学的改革和发展。

由于作者水平有限，书中疏漏之处在所难免，敬请各位专家学者和广大读者不吝赐教，批评指正。

目　录

第一章　体育教育的起源与基本理论

体育教育作为人类社会发展历程中至关重要的一部分,贯穿古今中外各个历史时期,对人类的身心健康、社会发展以及文化传承等诸多方面都产生了比较深远的影响。深入探究体育教育的起源与基本理论,有助于我们更好地理解其在当代社会中的重要地位和作用,从而进一步推动体育教育事业的蓬勃发展。

第一节　体育教育的产生与发展

一、远古时期:体育教育的雏形

在人类社会的远古时期,生存是首要任务。人们为了获取食物、抵御野兽侵袭等,不得不从事一系列艰苦的生产生活活动。这些活动虽看似原始简单,却在不经意间孕育了体育教育的最初形态。

例如狩猎活动要求人们具备奔跑、跳跃、投掷等基本技能。为了提高狩猎的成功率,部落中的年长者会将自己积累的经验传授给年轻一代,教导他们如何更敏捷地奔跑以追赶猎物,怎样更精准地投掷石块或长矛来击中目标。这种技能的传承就是最朴素的体育教育形式,它并非有组织、有系统的教学,但却实实在在地通过实践活动,让年轻一代学会了关乎生存的身体技能,为体育教育的产生奠定了基础。

同样,在采集活动中,人们需要攀爬树木、跨越障碍等,这些动作的反复练习,也在一定程度上锻炼了身体的协调性和力量。而且,在部落集体生活中,为了庆祝狩猎成功或祈求神灵庇佑等,还会举行一些简单的歌舞活动。这些歌舞活动虽然主要是出于精神层面的需求,但参与者在其中也会不自觉地进行身体的律动和协调配合,这也可视为体育教育在远古时期的另一种表现形式,它在娱乐的同时,也在培养着人们的节奏感和身体控制能力。

二、古代文明时期:体育教育的初步发展

(一)古希腊——体育教育的典范

进入古代文明时期,古希腊在体育教育方面堪称典范。古希腊城邦高度重视公民的身体素质和军事素养,认为一个健康、强壮且具备优秀运动能力的公民群体是城邦繁荣昌盛的重要保障。

在古希腊的学校教育体系中,体育教育占据着举足轻重的地位。年轻的男性公民会在专门的运动场,如著名的奥林匹亚竞技场接受系统的体育训练。训练项目丰富多样,涵盖了跑步、跳远、掷铁饼、摔跤等诸多项目。

这些体育项目的设置,不仅仅是为了锻炼公民的肌肉力量、速度、耐力等身体素质,更重要的是培养他们的竞争意识、荣誉感以及坚韧不拔的精神。例如在奥运会的前身——古代奥林匹克运动会上,来自各个城邦的运动员会在赛场上激烈角逐,他们为了荣誉而战,每一次胜利都被视为城邦的骄傲。这种强烈的竞争意识和对荣誉的珍视,通过体育教育深深扎根于古希腊公民的心中,成为他们精神世界的重要组成部分。

而且,古希腊的体育教育还注重培养公民的审美观念,运动员在赛场上展现出的优美身姿、矫健步伐都被视为一种美的体现。这种将体育与审美相结合的理念,使得体育教育在古希腊不仅是一种身体的锻炼,更是一种对美的追求和精神的陶冶。

(二)古代中国——独具特色的体育教育

在古代中国,体育教育同样有着丰富而独特的发展历程。早在西周时期,就确立了"六艺"教育体系,其中"射"和"御"两项与体育密切相关。

"射"即射箭技术,它要求学习者具备良好的眼力、臂力和专注力。通过对射箭的学习,学习者不仅能够提升自身的身体素质,还能在射箭过程中培养礼仪规范和道德修养。例如在射箭比赛中,要遵循严格的礼仪程序,尊重对手,这体现了古代中国体育教育与品德教育的紧密结合。

"御"则是驾驭马车的技术,涉及身体的平衡、对马匹的操控等能力。学习"御"的过程也是锻炼学习者身体协调性和反应能力的过程。

随着时间的推移,中国古代的体育教育形式不断丰富,武术逐渐发展成为一项重要的体育活动。武术蕴含着深厚的哲学思想和道德规范,习武者在练习武术的过程中,不仅要掌握各种招式和技巧,还要遵循尊师重道、扶危济困等道德准则。武术的传承既传播了体育技能,又弘扬了中华民族的传统美德,使得体育教育在中国古代社会中扮演着更为重要的角色,成为培养德才兼备人才的重要手段。

三、近代社会:体育教育的变革与拓展

工业革命的爆发给人类社会带来了翻天覆地的变化,机器大生产逐渐取代了传统的手工劳动,人们的生活方式和社会结构发生了根本性的改变。在这一背景下,体育教育也迎来了新的发展机遇与挑战,经历了一系列的变革与拓展。

一方面,工业生产使得人们的体力劳动强度相对降低,但同时也带来了新的健康问题,如长时间久坐、工作环境不佳等导致的身体机能下降。为了应对这些问题,体育教育开始受到更为广泛的关注。学校体育作为体育教育的主要阵地,在近代得到了进一步的发展。许多国家开始在学校中设置专门的体育课程,配备专业的体育教师,采用科学的教学方法,旨在提高学生的身体素质,培养他们适应现代工业社会生活的能力。

另一方面,随着国际交流的日益频繁,现代体育竞技项目开始兴起并迅速传播,奥运会的诞生便是这一时期体育发展的重要标志。奥运会以其倡导的"更快、更高、更强"的精神吸引了全球各国的参与。这不仅促进了体育竞技水平的不断提高,也使得体育教育的内涵更加丰富。各国纷纷借鉴奥运会的项目设置和竞赛规则,对本国的体育教育进行改革和完

善,将竞技体育项目纳入学校体育教育体系中,让更多学生能够接触到先进的体育理念和竞技项目,激发他们的运动兴趣和竞争意识。

四、现代社会:体育教育的全面繁荣

到了现代社会,体育教育已经成为了全球范围内一项极为重要的社会事业。随着科技的不断进步,体育教育的手段和方法也日益多样化。

借助互联网和多媒体技术,学生可以通过在线课程、体育教学视频等方式随时随地学习体育知识和技能。例如一些在线体育教育平台提供了丰富多样的课程内容,涵盖了各种体育项目的教学视频、运动知识讲解、健身方案制订等,满足了不同人群的学习需求。

同时,现代医学、生理学、心理学等学科的发展也为体育教育提供了更为科学的理论支持。体育教育不再仅仅局限于身体素质的锻炼,而是更加注重人的全面发展,包括心理健康、社会适应能力等方面。例如通过体育活动可以缓解人们的心理压力,培养他们的自信、坚韧等心理品质;在团队体育项目中,参与者可以学会与他人合作、沟通,提高自己的社会适应能力。

如今,体育教育在各级各类高校中都占据着重要的地位,并且在社会大众的健康促进、社区建设等方面也发挥着不可替代的作用。在学校里,体育课程的设置更加丰富多样,除了传统的田径、球类等项目外,还增加了一些新兴的体育项目,如攀岩、轮滑等,以满足学生不同的兴趣爱好。在社会层面,全民健身活动的蓬勃开展,政府通过各种政策措施鼓励民众积极参与体育锻炼,提高全民健康水平。

第二节　体育教育的概念界定

一、广义的体育教育

从广义上来说,体育教育是指以身体活动为主要手段,以增进人们的身心健康、提高身体素质、培养良好的运动习惯和体育精神为主要目的的一种教育活动。它贯穿人类社会发展的各个阶段,涵盖了从个体的自我锻炼到有组织的学校体育、社会体育等多种形式。

在个体自我锻炼方面,人们出于对自身健康的关注,自主选择适合自己的身体活动方式,如跑步、瑜伽、游泳等,并通过长期坚持这些活动来提高自身的身体素质,改善心理健康状况,培养自己的运动习惯和体育精神。这种个体的自我锻炼是体育教育的一种最基本、最普遍的形式,它不需要特定的组织和教学安排,但却能让人们在自主实践中收获健康和成长。

在学校体育领域,体育教育是学校课程体系的重要组成部分。它通过体育课、课外体育活动等形式,对学生进行系统的体育知识传授、技能训练和体育品德培养。体育课上,教师会根据学生的年龄、身体状况和兴趣爱好等因素,设计合适的教学内容,如田径、球类、体操等项目,引导学生掌握基本的运动技能,了解运动的基本原理和健康知识。课外体育活动则为学生提供了更多自主锻炼的机会,他们可以根据自己的喜好选择参与各种体育社团、俱乐部活动或进行自由的体育锻炼,进一步巩固和拓展中国古代体育教育与品德教育的紧密结合。

在社会体育方面,它面向社会大众,旨在提高全社会的健康水平和体育素养。社会体育活动形式多样,包括社区体育活动、全民健身活动、商业性的健身俱乐部活动等。社区体育活动通常由社区组织,以方便社区居民参与为原则,开展如广场舞、太极拳、慢跑等活动,让居民在日常生活中就能轻松参与体育锻炼,增进邻里之间的感情,营造健康和谐的社区氛围。全民健身活动则是由政府倡导,全社会共同参与的大型体育活动,其目的在于推动全社会形成热爱运动、积极参与体育锻炼的良好风气。商业性的健身俱乐部则为有更高需求的用户提供了专业的健身设施、教练指导和个性化的健身方案,满足不同人群对于身体塑形、提高运动能力等方面的需求。

二、狭义的体育教育

狭义的体育教育主要是指学校体育教育,它是在学校环境中,由专业教师按照一定的教学大纲和课程标准,对学生进行有组织、有系统的体育知识传授、技能训练和体育品德培养的教育活动。

在学校体育教育中,教学大纲和课程标准起着至关重要的作用。它们明确了不同年级、不同阶段学生应掌握的体育知识和技能,以及应达到的体育品德培养目标。例如在小学低年级阶段,教学大纲可能侧重培养学生的基本运动能力,如走、跑、跳、投等,同时注重引导学生养成良好的运动习惯;在中学阶段,除了进一步提高学生的运动技能外,还会加强对学生体育品德的培养,如培养学生的团队合作精神、竞争意识、尊重对手等;在大学阶段,体育教育则更加注重学生的自主选择和个性化发展,学生可以根据自己的兴趣爱好选择不同的体育课程,如瑜伽、攀岩、篮球等,同时在参与体育活动时深化自己的体育品德培养。

专业教师在学校体育教育中也扮演着关键角色。他们不仅要具备扎实的体育专业知识和技能,还要了解学生的身心发展特点,能够根据学生的实际情况设计合适的教学方案,采用有效的教学方法,引导学生积极参与体育活动,实现体育教育的目标。

三、体育教育的本质特征

体育教育具有以下几个本质特征。

(一)身体活动性

体育教育是以身体活动为主要手段的教育活动,离开了身体活动,体育教育就失去了其存在的意义。无论是跑步、打球还是做体操,都是通过身体的实际运动来实现教育目标的。

(二)教育性

体育教育不仅仅是单纯的身体锻炼,更是一种教育活动。它要通过身体活动向学生或参与者传授体育知识、技能,培养他们的体育品德,促进他们的全面发展。例如在篮球课上,教师除了教学生投篮、传球等技能外,还能够培养学生的团队合作精神、竞争意识等体育品德。

(三)目的性

体育教育有明确的目的,那就是增进人们的身心健康、提高身体素质、培养良好的运动习惯和体育精神。每一项体育活动的开展,每一次体育课程的设置,都是为了达到这些目的而进行的。

(四)文化性

不同国家和民族的体育教育都蕴含着各自独特的文化内涵。比如中国的武术文化、巴西的足球文化等,这些体育文化不仅是一种运动形式,更代表了一个国家或民族的精神风貌、价值观念和生活方式。体育教育在传承和弘扬这些文化方面发挥着重要作用,通过体育活动的开展,让更多的人了解和喜爱本国的体育文化,进而增强民族自豪感和文化认同感。

第三节 体育教育的本质、结构与功能

一、体育教育的本质

体育教育的本质在于通过身体活动促进人的全面发展,具体涵盖了身体、心理、社会等多个方面。

在身体方面,体育教育通过各种运动项目和活动,有针对性地锻炼人的不同身体素质。如跑步、游泳等有氧运动可以有效提高人的心肺功能,增强耐力;力量训练项目如举重、俯卧撑等能够增加肌肉力量;体操、瑜伽等项目有助于提高人的身体的柔韧性。通过长期坚持这些体育活动,人的身体机能能够得到全面提升,从而为更好地生活和工作打下坚实的基础。

从社会层面来看,体育教育有助于促进社会的和谐发展。一个热爱体育的社会,人们普遍具有健康的身体和积极向上的心态,这对于减少社会矛盾、营造良好的社会氛围具有重要意义。而且,体育教育培养出来的人才,无论是在体育竞技领域还是在其他行业,都能够将体育精神如竞争意识、拼搏精神等带入工作中,为社会发展作出贡献。

所以说,体育教育的本质就是利用身体活动这个载体,实现对人身体、心理、社会等方面的全面发展,培养出全面发展的人才。

二、体育教育的结构

体育教育的结构可以从不同的角度进行分析,主要包括以下几个方面。

(一)课程设置结构

在学校体育教育中,课程设置是关键环节。一般来说,课程设置包括基础体育课、专项体育课和课外体育活动。基础体育课主要针对低年级学生或初学者,侧重于教授基本运动技能和基础知识,如走、跑、跳、投等。专项体育课则是针对有一定基础的学生,根据他们的兴趣爱好和特长,选择某一特定的体育项目进行深入学习,如篮球、足球、乒乓球等。课外体育活动则是为学生提供更多自主锻炼的机会,他们可以根据自己的喜好选择参与各种体育社团、俱乐部活动或进行自由的体育锻炼,进一步巩固和拓展在体育课上学到的知识和技能。

(二)教学主体结构

体育教育的教学主体包括教师和学生。教师是体育教育的实施者,他们需要具备扎实的体育专业知识和技能,了解学生的身心发展特点,能够根据学生的实际情况设计合适的教学方案,采用有效的教学方法,引导学生积极参与体育活动,实现体育教育的目标。学生则是体育教育的接受者,他们在教师的引导下,通过参与体育活动,学习体育知识和技能,培养体育品德,实现自身的全面发展。

(三)知识与技能结构

体育教育所涉及的知识与技能结构较为复杂。知识方面,包括体育理论知识,如运动生理学、运动心理学、体育史等;还包括运动项目的具体知识,如篮球的规则、足球的战术等。技能方面涵盖了各种运动项目的基本技能,如跑步的姿势、投篮的技巧、足球的传球技巧等。通过系统的体育教育,学生能够掌握这些知识与技能,从而更好地参与体育活动,实现体育教育的目标。

(四)评价结构

体育教育的评价结构对于衡量体育教育的效果至关重要。评价方式主要包括过程性评价和终结性评价。过程性评价注重对学生在体育活动过程中的表现进行评价,如学生的参与度、学习态度、进步情况等;终结性评价则主要针对学生在期末或课程结束时的体育成绩进行评价,如体育考试成绩、竞赛成绩等。通过合理的评价结构,能够准确地衡量学生的体育学习成果,为改进体育教育提供依据。

三、体育教育的功能

体育教育具有多种功能,主要包括以下几个方面。

(一)健身功能

这是体育教育最基本的功能。通过各种体育活动,如跑步、游泳、举重等,能够锻炼人的不同身体素质,提高人的身体机能,从而达到健身的目的。长期坚持体育教育,能够使人的身体更加健康,为更好地生活和工作打下坚实的身体基础。

(二)育心功能

体育教育对促进学生的心灵成长至关重要。当学生参与体育活动,无论是赛场对抗还是训练突破,都似烈火般锤炼出坚毅、自信与无畏的品质,深植内心。众多体育项目如篮球、足球等构建起团队协作模式,成员紧密配合,学会倾听与尊重,能够在不知不觉中提升人际关系处理能力,铸就团队精神,为生活和职场社交夯实基础。可见,体育教育既能塑造个人内心,又能促进团队和社交能力发展,宛如明珠照亮他们的心灵成长之路,帮助他们应对挑战、走向全面成长。

(三)教育功能

1. 知识传授

体育教育是一个系统的知识传递过程。在体育课上,教师会教授学生丰富的体育理论知识,涵盖运动生理学、运动解剖学、体育史等诸多领域。例如通过讲解运动生理学知识,学生能了解到不同运动对身体机能的影响,明白为何有氧运动可增强心肺功能,力量训练能提升肌肉力量等。这使学生不仅知道如何进行体育活动,还懂得其背后的科学原理,为他们科学、合理地开展体育锻炼奠定了坚实的知识基础。

2.技能培养

体育教育着重于培养学生各类运动项目的技能。从基础的走、跑、跳、投等基本运动技能,到篮球、足球、乒乓球等专项运动的复杂技巧,如篮球的运球过人、投篮技巧,足球的传球精准度、射门力度控制等。学生在教师的指导下,通过反复练习,逐步掌握这些技能,从而能够在体育活动中更好地展现自己的能力,享受运动带来的乐趣。

3.品德塑造

体育教育在塑造学生品德方面发挥着重要作用。在团队运动项目中,如排球、棒球等,学生需要学会与队友协作,培养团队合作精神。他们要懂得尊重队友的意见和努力,为了团队的共同目标而努力拼搏。同时,在竞技比赛中,学生还能学会遵守规则、尊重对手,培养公平竞争的意识。无论是胜利还是失败,都能让学生从中汲取经验教训,培养坚韧不拔、胜不骄败不馁的良好品德。

(四)娱乐功能

1.休闲放松

体育活动为人们提供了一种绝佳的休闲放松方式。在忙碌的学习、工作之余,参与诸如慢跑、瑜伽、羽毛球等体育活动,能够让人们暂时从压力和疲惫中解脱出来。例如下班后去公园慢跑几圈,感受着清新的空气和身体的律动,能有效缓解一天的工作压力,使身心得到极大的放松。

2.兴趣培养

体育教育激发了人们对各类体育项目的兴趣。在学校里,学生通过接触不同的体育课程和活动,发现自己喜爱的项目,如有的学生在尝试了体操后,被其优美的动作和挑战性所吸引,进而深入学习和参与。这种兴趣的培养不仅丰富了人们的业余生活,还促使人们更加主动地投入到体育活动中,享受运动带来的快乐。

3.社交互动

体育活动往往是社交互动的良好平台。无论是参加社区的广场舞活动，还是参与学校的体育社团，人们都能在其中结识志同道合的朋友。在篮球场上与队友配合、在网球场上与对手切磋，都能增进人与人之间的交流与了解。通过体育活动建立的社交关系，往往更加健康、积极，有助于拓展人们的社交圈子，营造和谐的人际关系氛围。

(五)促进个体发展功能

1.身体发展

体育教育对个体身体发展的促进作用是显而易见的。通过长期坚持有规律的体育活动，如游泳、健身操等，个体的身体素质能得到全方位的提升。肌肉力量会逐渐增强，身体的柔韧性、协调性和平衡能力也会得到改善。这不仅有助于预防疾病，还能让个体在日常生活和工作中更加轻松自如地完成各种动作，提高生活质量。

2.心理发展

在心理层面，体育教育同样有着重要影响。在体育活动过程中，个体不断挑战自我，克服困难，如在长跑中突破自己的极限，在攀岩时战胜内心的恐惧等。这些经历能有效增强个体的自信心，培养其坚韧不拔的精神和勇于面对挑战的勇气。而且，体育活动中的团队协作环节，能帮助个体更好地理解他人，提高人际交往能力，促进心理的健康发展。

3.个性塑造

体育教育还在一定程度上塑造着个体的个性。不同的体育项目吸引着不同性格特点的人，而人们在参与这些项目的过程中，又会进一步强化自身的个性特征。例如喜欢冒险刺激的人可能更热衷于攀岩、冲浪等极限运动，他们不断地在这些活动中展现和强化自己勇敢、敢于挑战的个性；而喜欢团队协作和节奏感的人可能会钟情于篮球、舞蹈等项目，通过参与这些项目，他们的团队合作精神和节奏感会更加突出，从而塑造出更加鲜明的个性。

(六)传承与创新功能

1. 文化传承

体育教育在传承民族和地域文化方面肩负着重要的使命。每个国家和民族都有其独特的体育文化,通过在学校体育教育中纳入这些传统体育项目,或是在社会体育活动中推广它们,能让年轻一代了解和熟悉本民族的体育文化传统,使其得以传承下去。

2. 文化创新

同时,体育教育也为体育文化的创新提供了土壤。在现代社会,随着不同文化之间的交流与融合,体育项目也在不断演变和创新。例如现代街舞就是在传统舞蹈的基础上,融合了多种舞蹈元素和现代音乐风格而发展起来的。体育教育鼓励学生在传承传统体育文化的基础上,发挥自己的想象力和创造力,对体育项目进行创新,从而推动体育文化的不断发展,使其更加符合当代社会的需求和人们的审美情趣。

体育教育作为人类社会发展历程中不可或缺的一部分,其起源与基本理论展现出了它在促进人类全面发展、社会和谐进步以及文化传承创新等诸多方面的重要作用。从远古时期的雏形到现代社会的全面繁荣,体育教育不断演变和发展,始终以积极正面的姿态影响着人们的生活。

通过对体育教育的产生与发展的梳理,我们看到了它如何从最初满足生存需求的简单技能传承发展成为如今具有系统课程、专业师资和多样功能的重要教育领域。其概念界定明确了它作为一种以身体活动为主要手段,以增进身心健康、培养体育精神为目的的教育活动的内涵与外延。

而对体育教育的本质、结构与功能的深入剖析,让我们全面认识到它在促进个体身体、心理、社会发展以及文化传承创新等方面具有不可替代的作用。健身、育心、社会、文化、教育、娱乐、促进个体发展以及传承与创新等诸多功能相互交织,共同构成了体育教育的丰富内涵。

在当代社会,我们应当更加重视体育教育,不断完善其课程设置、教学方法和评价体系,以充分发挥其在培养全面发展的人才、营造和谐社会氛围以及传承和创新文化等方面的积极作用。只有这样,体育教育才能在未来的发展中继续保持强大的生命力,为人类社会的持续进步做出更大的贡献。

第二章 高校体育教学的基础理论

第一节 高校体育教学理论概述

一、高校体育教学的基本理论

(一)高校体育教学的理念

体育课程的定位着眼于新世纪人才的素质需求,注重以人为本,强调以学生的学习、发展为教学的中心,以"健康第一"作为教学的指导思想。体育教学以学生的学习和发展为本,在教学过程中,要求学生主动进行学习,倡导学生主动参与、乐于探究、勤于动手,培养学生体育能力和进行体育锻炼的良好习惯,树立终身体育意识。教师在教学过程中的主要作用是引导并帮助学生学习体育课程知识、运动方法和动作技术。突出学生在课堂教学中的主体地位,重视教师的引导作用,在教学过程中为完成共同的教学任务、实现共同的教学目标而进行知识技能的传授、研究和探索。

体育教学要在继承与发扬传统体育教学成功经验的基础上,实现知识与技能、过程与方法、情感态度与价值观三个维度的整合。体育教学应加强课程内容与学生生活、现代社会以及科技发展的联系,让课程回归现实生活。体育教学应注重理论与实践相结合,强调体育锻炼与日常生活相融合,实现体育运动与健身方法相结合,使学生掌握科学的体育学习方法,培养体育锻炼习惯,养成终身参与体育运动的意识。

(二)高校体育教学的指导思想与任务

"健康第一"的指导思想不仅给体育课程教学改革注入了新的内涵,

而且在提升高校体育价值的同时,使高校体育的教学目标更加明确。使体育教学与 21 世纪社会经济的发展需求相适应,使体育教学与促进学生身心健康发展,有效地增强学生体质的目标,以及以学生为本的教学理念更加贴切。在体育教学过程中,体育教学的指导思想通过各种途径对学校体育教学目标、教学任务、教学内容、教学方法、教学的组织形式和体育锻炼过程的体系产生极为重大的影响,是体育教学理论的核心。

要想实现教育部颁布的学校体育教学目标,完成体育教学的总任务,就要引导学生进行体育锻炼,提高学生的生理健康、心理健康水平,有效地增强学生的体质。培养学生进行体育锻炼的能力,科学地运用健身方法,养成良好的体育锻炼习惯,为学生终身参与体育运动奠定良好的基础。

二、高校体育教学要素分析

(一)高校体育教学方法

高校体育教学方法主要研究高校体育教学的基本规律,以及如何促进学生身体的健康发展和有效增强体质、掌握体育知识与运动的规律。从宏观的角度看,体育教学方法是体育教学活动过程中教师和学生为完成共同的体育教学任务,实现共同的体育教学目标的过程的总称。从微观的角度看,体育教学方法是由各种教学方略、教学技术、教学手段、教学形式等所组成的一个系统性结构,包含多层面的教学技术。

(二)高校体育教学过程

高校体育教学观强调:教学过程是师生积极参与、交往互动的过程。教学是教师的教与学生的学的统一,这种统一的实质是交往。在体育课程教学的过程中,强调教师的教以及学生的学所构成的一个有机组合的整体教学结构系统。体育教师根据教学目的、教学目标、教学任务、教学内容和教学要求,通过体育教学与课外体育锻炼活动等不同的组织形式,将具体的体育基础知识、健身方法、运动技术和练习手段有目的、有计划、有组织、系统地传授给学生。体育教学既是促进学生身体健康成长发育的重要方式,也是素质教育的重要途径。体育教学应逐步培养学生掌握和运用体育基础知识、健身方法、运动技术及练习手段进行运动健身的能力,同时对学生进行思想、道德、品质等方面的教育。

(三)高校体育教学内容

教学内容是教学活动的材料,是教学的主要媒体。教师通过"教"教学内容,使学生学习、掌握体育的基本理论知识、体育健身的方法、运动技术,提高身体的运动能力水平,形成良好的运动技能。从体育教学活动的实施过程及其对人的发展的影响的角度进行分析,体育教学内容从本质上起到了体育教学实践活动的载体作用。

体育教学素材有两个明显的特征:一是来源广泛,内容丰富;二是素材之间不具有严密的逻辑性,教材系统中每项教学素材都具有各自的功能,由多项教学素材具有的功能总和构成了能够达成多元教学目标的可能。

(四)高校体育教学评价

体育教学改革的一个重要内容就是"以评价促发展",因此对学生的评价要能够体现学生学习的不同层次和水平。体育教学评价一般包括对教学过程中教师、学生、教学内容、教学方法与手段、教学环境、教学管理诸多因素的评价,但主要是对学生学习过程与结果的评价和教师教学工作过程的评价。评价时依据一定的客观标准,通过各种测量和相关资料的收集,对教学活动及其效果进行客观衡量和科学判定。

体育教学评价对教师的教和学生的学都具有重要的激励和导向作用。评价反映出学生对学习的态度、动机、兴趣和方法,评价结果能够激励教师和学生进步,提高教学活动的效率,有助于教师完成教学目标。

三、高校体育课程与教学论的意义、目标和方法

(一)高校体育课程与教学论的意义

1.培养体育师范生的必然要求

体育课程与教学论是研究体育课程与教学的现象、问题,并揭示体育

教育规律的一门学科,同时也是高等师范院校体育教育专业学生的一门专业基础课程。学习这门课程的目的是使学生掌握体育课程与教学论的基础知识和体育教学的基本技能,培养从事体育教学工作和进行体育课程与教学研究的初步能力,使体育师范生在课程与教学理论和观念的学习方面"入门",教学技能训练"上路",课程与教学研究"开阔思路",从而保证学生毕业时成为一名合格的体育教师,毕业后通过新课程实践的锻炼提高,成为"学会反思、学会合作"的专家型教师。

2.掌握有关体育课程的基本理论和体育教学的基本方法

体育课程既具有所有课程的共性特征,又具有不同于其他课程的独特性。学习体育课程与教学论,就是要掌握体育课程的目标、体制、课程开发、课程内容、课程设计、课程实施、课程标准、课程设施等方面的知识,为将来的体育教学和研究工作打下基础。体育课程与教学论是一门实用性较强的课程,其实用性主要表现在如下方面:为学生提供系统的体育课程与教学理论的同时,还为学生提供许多具体的教学方法,有利于体育教师和体育教育专业的学生不断提高自己的教学能力。

3.正确理解各种体育教学现象,认识体育教学的本质

体育教育是复杂的教学现象集合体,因体育学科的特殊性,体育教学现象比其他学科更复杂。因此,体育教师要学好体育课程与教学论,清晰辨别各种体育教学现象。同时,学习体育课程与教学论有利于体育教师全面提升体育教学理论水平,建立宏观与微观、整体与局部、理论与实践对立统一的体育课程与教学整体观,帮助体育教师更好地把握体育课程与教学的本质、规律,把握体育课程与教学的前沿问题,提高体育教师应对体育教学实际问题的能力。

4.准确把握体育教学的基本规律,指导体育教学的实践

无论是对于正在进行体育教育专业学习的学生,还是对于已经在教学第一线工作的体育教师来说,学好体育课程与教学论,都能更好地掌握体育教学的基本规律,提高自己从事体育教学与体育科研的素质和能力,有助于用所学的理论来指导自己的体育教学实践。

5.推动体育课程与教学研究,完善体育课程与教学理论

随着教育改革的不断深入,体育课程与教学的内涵和外延都发生了深刻变化,随着现代教育和现代体育文化的不断发展,体育课程和体育教学现象也变得越来越复杂,体育课程和教学出现了许多新现象和新特征。因此,系统地学习体育课程与教学论可以帮助体育教师认识这些新问题,从中发现研究课题,从而推动体育课程与教学研究,不断完善和发展体育课程与教学理论。

(二)高校体育课程与教学论的目标

许多高等师范院校体育教育专业开设了体育课程与教学论课程,该课程的目标是:使高等师范院校学生在学习教育学、心理学的基础上,进一步系统地掌握体育课程与教学论的基础知识和基础理论。

1.体育课程与教学论基础知识方面

(1)了解体育课程的基础知识。了解体育新课程理念,掌握体育课程目标,学习用新课程的理念和课程目标指导与评价自己的学习与教学实践。

(2)初步掌握体育课程的知识内容和结构体系,学习从体育学科基本结构的整体高度来把握部分内容的教学。

(3)初步掌握体育学科特点与教学特点,以及学习该门学科的态度和方法,能从体育学科特点出发指导自己的学习与组织教学。

(4)认识与理解体育教学的一般原理与规律,学习用体育教学的一般原理与规律指导自己的学习与教学实践。

(5)初步掌握体育教学的常用方法与主要模式,尤其是探究新的体育教学模式。学习根据教学内容等具体情况,选择和使用体育教学方法与模式。

2.体育教学基本技能方面

(1)掌握体育课堂教学的基本知识和技能,初步学会导课、热身及准备活动、示范、讲解、学生练习、纠正错误动作、放松活动、组织自主学习等课堂教学基本技能。

（2）熟练掌握体育教学设计、教学方法，以及各种体育教学策略。

（3）掌握体育教学的组织和手段的运用，能熟练地运用现代教育技术等辅助体育教学。

3.体育教学、课程开发及教学研究能力方面

（1）会初步分析教材，设计教案，预设教学过程。

（2）能初步运用课堂教学技能，组织与管理课堂教学。

（3）能运用先进的教育思想和教学理论，掌握基础教育课程改革的理念，指导课堂教学设计与课堂教学。

（4）初步学会运用多种教学评价方式实施体育教学评价。

（5）初步学会运用合适的研究方法进行体育教与学的初步研究，能写一般的体育课程与教学研究的论文。

4.体育教师专业情意方面

（1）赞赏体育教师，热爱体育教师职业，树立献身体育教育工作的理想。

（2）初步养成良好的教师职业道德和职业习惯，具有做一名优秀体育教师的信心。

（3）具有乐观向上、不断改革和创新体育教育教学工作的远大志向。

（三）高校体育课程与教学论的方法

体育课程与教学论是一门理论与实践紧密结合的学科，恰当的学习方法能够帮助我们收获事半功倍的效果。

1.掌握基本理论知识

理论知识可以帮助我们了解体育课程与教学相关问题的理论框架。体育课程与教学论的理论知识是在实践中反复探索形成的。

学习理论知识时，要注意掌握体育学科的基本结构。所谓体育学科的基本结构，就是体育学的基本概念、原理、方法和价值观，它们构成一个有机联系的整体。掌握体育学科的基本结构，就是要注意理解这些基本的概念、原理、方法和价值观，并将其有效内化到自己的认知结构中去。

体育学科基本结构体系中的各种概念、原理、方法和价值观并不是孤

立的知识点,而是彼此相互联系、交错的。人类对于事物的认识总是有着千丝万缕的联系,既应该从微观层面深入细致地探讨,也应该从宏观层面对问题有整体性把握。学习体育课程与教学论的理论知识也是如此,既需要深入地对各种知识点进行详细探究,也需要整体性地把握体育课程与教学问题。

2.关注体育教学实践

理论知识是从实践土壤中萌发、生长出来的,不论是理论知识的学习,还是问题的发现与探究,都应以关注实践为指导思想。在学习体育课程与教学论的过程中,应同时关注实践问题,采用注重细节的整体思维方式审视实践。与其他课程及教学相比,体育课程及其教学更具有实践性,因此,只有充分关注体育教学实践,才能使体育课程与教学理论相互融合,并在实践的检验中得到不断发展。

第二节　高校体育的课程目标与教学目标

高校体育课程目标和体育教学目标是体育课程和体育教学理论与实践中非常重要的问题。合理的体育教学目标必定充分反映了教师的努力方向和学生的学习愿望。因此,科学合理的体育教学目标必定可以指导教师的工作,从而激励学生学习。只有教学目标符合学生的内部需要,才能够激发学生的动机,引起学生的兴趣,转化为积极参与体育活动的动力。所以,明确、具体而切实可行的教学目标可以激励学生努力地学习。

体育教学目标确定之后,是否达成既定目标就成为测评教学效果的尺度和标准。因此,进行科学的评价首先要提供可行、可测的体育教学目标。从这个意义上说,科学、合理的体育教学目标是科学检验体育教学效果、确定客观评价的基础和标准。

一、体育课程目标与体育教学目标的关系

在高校具体的教育实践中,课程和教学是学校教育的两个重要组成

部分,也是不可分割的两部分。但是,体育教学目标和体育课程目标之间既有联系,又有区别。

(一)体育课程目标和体育教学目标的联系

第一,相对于各级各类学校培养目标和学校体育目标而言,一方面,体育教学目标和体育课程目标都是子目标,它们共同为达成学校培养目标和学校体育目标发挥着各自的作用;另一方面,体育教学目标和体育课程目标的确立都必须以学校培养目标和学校体育目标为依据。

第二,体育课程目标与体育教学目标之间还有着纵、横两个方面的联系。从纵向的联系来看,体育教学目标是体育课程目标的子目标。换言之,体育课程目标的实现有赖于体育教学目标的实现,或者说体育课程目标是确定体育教学目标的重要依据;从横向的联系来看,体育课程目标所涉及的领域在体育教学目标中也有所体现。另外,体育课程目标和体育教学目标之间有一个衔接点,这个衔接点就是体育课程的水平目标和体育教学的学年教学目标。理论上,这两者应该是一回事。也就是说,体育课程的水平目标是确定学年体育教学目标的直接依据,它们之间应该是一致的。学年体育教学目标实现了,体育课程的水平目标也就实现了。

(二)体育课程目标与体育教学目标的区别

体育课程目标和体育教学目标是有区别的。体育课程目标与体育教学目标在制定者、依据及使用范围等方面略有不同。若从目标性质进行进一步比较,会发现两者也有很大区别。体育课程目标针对整个体育课程,着眼于学生整个学习过程或学习阶段、学习领域,是宏观的、远景的、粗线条的,且具有相对稳定性;而体育教学目标针对一个学年(或学期)、一个单元、一堂体育课的具体教学情境,是微观的、现实的、具体的,具有相对灵活性,确定后可根据教学的具体情况进行调整。

二、体育课程目标与教学目标的结构

(一)体育课程目标的结构

体育课程目标是有层次结构的,不同的层次结构发挥着不同的功能。

对同一层次的目标而言，还存在着不同学习方面和学习水平的区分。

体育课程目标在垂直向度上具有层次性、线性、累积性的特点。根据课程目标的不同层次关系，可以依次将课程目标分为不同的层次：课程总体目标——教育目的；课程总体目标的具体化——培养目标；学科领域的课程目标；学科领域课程目标的具体化——教学目标。

（二）体育教学目标的结构

学年体育教学目标、单元体育教学目标和课时体育教学目标建构了体育教学目标体系的纵向层次。上位目标与下位目标相互呼应、彼此衔接，在体育教学活动中指引着学生的发展方向。

学年（学期）体育教学目标具有计划性，通常根据体育课程的总目标和水平目标的要求、各个学校的实际情况、学生的兴趣爱好及体育课程内容的特点等来确定，一般出现在学校的体育教学计划中。

1. 单元体育教学目标

单元是指各门课程教学中相对完整的划分单位，反映着课程编制者或教师对一门课程及其概念体系结构的总的看法。单元体育教学目标就是依据"年级体育教学目标"和学期教学的分配计划制定的。单元体育教学目标主要依托各体育课程内容，如某个运动项目的特性来制定。

2. 课时体育教学目标

现代教学理论对学生的认知性学习越来越被重视，而作为认知性学习基础的发现式学习法或假说验证式学习法都是一个较长的学习过程。因此，单元教学的改革是现阶段我国体育教学改革的重要突破之一，在改革的新形势下，高校应当更重视单元教学计划的制订和单元教学目标的确立。

第三节　高校体育教学的原则

体育教学原则是体育教学过程中教师的教和学生的学的活动开展的基本依据，是体育教学工作必须遵循的基本要求和指导原理，是体育教学过程客观规律的反映,对各项教学活动起着指导和制约作用。正确地理解和贯彻体育教学原则,对明确教学目的,选择与安排好教学内容,正确地选用教学方法、教学场地与器材以及组织教学形式,完成教学任务,提高教学效果具有重要意义。

一、重视提高运动技能原则

重视提高运动技能原则是指在高校体育教学中要不断提高学生的运动技能,提高学生的运动成绩,实现有效的体育教学。首先,选择适当的教学方法。每个或每类教学方法不仅有各自的功能、特点及应用范围和具体条件,而且有各自的局限性。因此,为了更好地完成教学任务,教师必须坚持辩证的观点,以启发式的指导思想,综合地、灵活地运用教学方法,取得最优化的教学效果,这样才能提高学生学习运动技能的兴趣。其次,合理设置课程结构。每项体育运动都有各自的特点,学生通过学习不同的体育运动,能学习到不同的运动技能。为了使学生更好地学习全面的体育运动技术,为以后的体育健身做准备,高校体育教学必须合理设置课程内容,丰富学生的运动技能,使学生能够熟练掌握1～2个运动技能,尽可能地去了解更多的运动技能,从而能够全面参与各项体育运动。最后,明确学习运动技能的意义。体育是一门身体参与的课程,高校体育教学的终极目标是使学生通过参与体育活动,提高身体健康水平,促进他们的全面发展,以"健康第一"为指导思想,树立终身体育意识。因此,在高校体育教学活动中,学生必须掌握体育活动的基本技术和基本技能,从而满足健身和娱乐的双重需求。

二、安全运动原则

安全运动原则是指在高校体育教学中要使学生安全地从事运动,它是体育教学活动能够顺利进行的前提条件。首先,在体育教学活动中,教师必须设想所有可预测的危险因素,这些危险因素容易给学生的身体带来伤害,阻碍体育教学的正常进行。因此,体育教师在上课前必须进行检查并反复叮嘱学生,在上课期间,注意观察学生的举动,消除一切可能引起体育教学意外事故的潜在因素。其次,建立全面、有效的运动安全制度并配备齐全的安全设备。学校相关部门要通力合作,构建体育运动安全防范体系和制定体育运动安全规章制度,全面保障体育教学的安全进行。对于在体育教学过程中出现的危险动作或行为,体育教师要及时制止,避免学生发生意外情况,体育课内容的设置必须以安全为主。在体育基础设施方面,设置和安装必要的保护装置和警示标志,预防危险的发生。最后,定期开展学生安全运动教育活动。学校体育部门应定期开展安全运动教育讲座,使学生深刻认识到安全的重要性,组织学生学习如何避免和防范体育意外事故的发生,学校相关部门应多做宣传,使运动安全教育深入学生心中。

三、注重体验运动乐趣原则

注重体验运动乐趣原则是指在高校体育教学中要让学生在进行身体锻炼和掌握运动技能的同时体验到运动的乐趣,以使学生喜爱体育运动并养成参加体育运动的习惯。

首先,让学生感受到成功的愉悦感。由于不同学生之间存在个体差异,兴趣爱好和自身条件不同,在面对同一项体育运动时,体验感会有巨大差别。有些学生会因为自身喜欢某项体育运动,从而在活动中体验到成功的愉悦感。这就要求体育教师从教学方法和教学内容上下功夫,尽可能让所有学生通过不同的体育运动感受到成功的愉悦感,从而使学生愿意全身心投入体育运动。

其次,增加趣味性体育教学内容。我国高校体育教学课程内容大多以田径、足球、篮球和排球为主,竞技性较强,而一些极具趣味性的体育运动常被列为选修课。为了促进学生的全面发展,提升学生的身心健康水平,高校体育教学必须增加趣味性课程,丰富教学内容,提高教学质量。

最后,实施快乐的体育教学方法。教学方法是教学过程整体结构中的重要组成部分,是教学的基本要素之一,它直接关系着教学工作的成败、教学效率的高低以及将学生培养成什么样的人。在体育教学过程中，教师必须选择合理的教学方法，从教学的具体目的、任务、教材内容的特点、学生的实际情况和教师本身的素养条件出发，使学生从体育课堂中感受到体育学习的快乐，激发学生学习体育的热情。

四、合理运动负荷原则

合理运动负荷原则是指在高校体育教学中既要安排一定的身体活动量，体现体育教学的本质特点——身体活动性，还要使学生身体所承受的运动负荷有效、合理，从而满足学生锻炼身体和掌握运动技能的需要。

首先，依据学生的身心特点确定运动负荷。在体育教学过程中，运动负荷应保证学生在完成基本体育课程内容之后，身体处于健康状态，避免过度疲劳和运动损伤的发生。合理的运动负荷应依据学生的身心特点来确定。体育教师必须充分了解学生的身心特点，并熟悉各项体育运动的特点，以确保学生处于合理的运动负荷状态。

其次，依据体育教学目标而定。合理安排运动负荷是为了实现一定的锻炼身体和掌握运动技能的教学目标，所以教师在体育教学过程中一定要把握好运动负荷的度。

五、因材施教原则

因材施教原则是指在体育教学中要贯彻"面向全体学生"的教育理念，根据每一个学生的具体情况，实施各不相同的针对性教育，使每一个学生的身心健康和运动技能都能在各自的基础上得到充分的发展。首先，全面了解学生的个性特点。只有充分了解学生的性格特点、兴趣爱好和行为习惯等，才能贯彻因材施教原则。体育教师可通过课堂观察、问卷调查、与学生谈话、咨询辅导员等方法细致了解学生，明确每个学生的个体差异，从而制定个性化的教学方法。其次，丰富体育课程内容。每个学生都是独立存在的个体，有不同的体育课程爱好。因此，丰富体育课程内容，尽可能满足所有学生的兴趣和爱好，以促进学生的全面发展。最后，教学组织形式多样化。

　　实践证明,等质分组是目前较好的因材施教的教学组织形式。体育教师根据身高、体重、体能、运动技能水平等对学生进行分组和个性化教学。对于综合条件较好的学生,在完成基本体育课堂内容教学的前提下,对其提出更高的要求,进一步促进他们身体的全面发展;对于综合条件较弱的学生,给予耐心指导,从基础内容做起,直至达成体育课程教学目标。

第四节　高校体育教学理念的发展

　　随着我国教育改革的逐步开展,高校学生的综合素质成为大家越来越关注的问题。高校学生不仅要丰富自身的专业知识,还要提高自身的体育素质,以促进自身综合素质的发展。高校教师要始终跟随时代的步伐,改变原来的教学理念和教学方式,为国家培养全面人才,更好地服务于社会。

一、发展高校体育教学理念的意义

　　新课程改革的不断深入使得它所体现的学习理念、学习方式、世界观、人生观、价值观等都发生了变化,这就要求教师探索新的符合现代社会发展趋势的教学方式。高校教师需要以新课程标准为教学目标,增强学科的综合性,合理设置综合课程,增加综合实践活动。合理的课程设置可以增强学生的体质,使学生树立健康的体育运动理念,帮助学生养成锻炼身体的好习惯,从而促进学生综合素质的全面发展。

二、高校体育教学理念的转变

　　新课程改革背景下,高校体育教学理念发生了很大的转变,这些转变突出表现在以下几个方面。

(一)深入贯彻"健康第一"的指导理念

高校要树立"健康第一"的指导理念,切实加强体育教育工作。"健康第一"不仅是学校教育的指导理念,也是体育教学改革的指导理念。合理的体育教学是以身体锻炼为主要手段,合理地选择运动负荷,力求培养和提高学生的自信心、竞争力、人际交往能力,增强学生的团队意识、合作意识和创新意识,使其更好地适应社会。现代先进的体育教学理念能将身体健康、心理健康与社会适应的目标与教学内容、教学方法及学习评价等较好地结合起来,从而形成良性互动。

(二)注重营造良好的教学氛围与建立和谐的师生关系

新的体育教学理念注重运用情境教学、快乐教学、主题教学、体育游戏、激励性评价、师生互动、合作讨论等方法和手段来营造良好的教学氛围,使学生能积极地投入体育学习之中。和谐的师生关系既是学生主动学习的前提之一,也是学生获得愉快的情感体验的重要因素。现代先进的体育教学理念要求体育教师关心学生,以身作则,发扬教学民主精神,倾听学生的意见;学生要尊敬教师,自觉维护课堂教学秩序,在课堂讨论中畅所欲言;师生之间、生生之间形成良好的气氛,从而促进教学效果的提高。

(三)关注学生的运动情感体验

在体育教学中,学生的情感体验非常重要,它是培养学生体育学习兴趣和终身体育意识的关键,同时也是学生积极主动学习的重要条件,还是促进教学质量提高的重要因素。现代体育教学理念能够根据学生心理活动的规律来组织教学,满足学生的情感体验,提高学生的学习兴趣。

(四)重视课程资源的开发利用

当前的高校体育教学强调课程目标的统领作用,由体育教师根据学生的身心特点合理地选择教学的内容与方法,这是符合体育教学实际的做法。在新的体育教学理念的指导下,有的体育教师还开发出一系列具有较强健身性与趣味性的教学内容,极大地提高了体育教学质量。

(五)科学的体育学习评价

在体育教学评价中,多元学习评价是新体育课程改革的一个亮点,这种教学评价突出的是学生的自我评价与相互评价。在评价内容上,多元学习评价既注意知识、技能、运动参与和学习态度的评价,又注意合作精神与情意表现的评价,能在很大程度上提高学生学习的积极性,促进教学水平的提升。新课程改革为发挥体育教师的能动性提供了更大的空间,广大体育教师应认清形势,牢固树立终身学习的意识,认真把握好新课程标准,不断探索新的教学方法、手段、模式等,不断提升自己的专业化水平,促进教学质量的提高。

三、高校体育教学理念改革发展的方向

(一)朝着层次性和延续性方向发展

在新的时代背景下,各种体育教学理念与体育教学思想不断涌现,这些不同的教学理念与教学思想在不同程度上都推动了体育教学的发展,为体育教学的改革指明了方向,使体育教学改革步伐不断加快,促进了体育教学质量的提高。就体育教育教学实践来说,教学对象是体育教育发展改革应该重点关注的对象,而不同年龄段的学生,他们之间在很多方面都存在着显著的差异。

新的时代背景下的体育教育改革应该重视学生的长期、可持续发展。在教学理念上,要重视教育的层次性与各阶段的延续性,通过体育教学的科学组织与实施,以不同年龄段学生的特点为依据对相应的体育教学指导思想进行构建,使之具有鲜明的层次性,以科学把握教学改革目标和教学改革方向,进一步优化教学改革进程,不断提高高校体育教育的育人成果。

(二)朝着人文教育和科学发展观方向发展

在我国素质教育改革的推动下,我国高校体育教学理念从唯"生物体育观"转向了"三维体育观"(由生物、心理、社会因素构成),这就使得体育在健身、竞技、娱乐、文化和社会等方面的功能得到了进一步的拓展,使我国体育教学在传授基本知识、基本技术、基本技能,增强学生体质的同时朝着多元化的目标和功能方向发展。

结合我国素质教育与国外人本体育,新的时代背景下的高校体育教学理念应将重点放在"重视学生综合素质教育"和"培养优质人才和促进

人才的科学发展"两个方面。一方面,在现代高校体育教学改革发展形势下,体育教育只有转向"创造型"人才培养的道路,树立全面育人的教育观念和意识,着重培养和提高学生的综合素质和能力,才能够最终实现素质教育的目标。另一方面,高校教育应不断强调教育的育人作用,通过体育教育促进现代人才的培养与科学、持续发展。高校教育应保证学生在校期间能接受正确的体育观念的教育,培养学生锻炼身体的能力,使他们对体育运动对人体短期、长期的各种影响有一个深刻的认识,使学生在思想意识上将参与体育活动作为一种自觉的行为,将正确的体育锻炼观念作为现代社会人才的一种基本素质进行培养与提高。

(三)朝着综合化方向发展

21世纪以来,我国学校教育发展迅速,高校体育教育也要适应新时代的发展潮流,不断革新观念,以科学的、合理的、人性化的教育观念促进学校体育的发展,让学生在第一思想的指导下,获得身心的全面健康发展。当前,素质教育是一种发展中的新的教学理念,它具有非常丰富的内涵。现阶段,我国素质教育还处于发展探索阶段,人们试图通过不同的途径,采用不同的教学理念对体育教学实践进行指导,以使体育素质教育获得新的发展。随着素质教育的不断推进,迫切需要从其他相关理论中对"合理内核"加以汲取和吸收,以不断丰富和完善素质教育理论体系。体育是教育的重要组成部分,它服务于人的全面教育,所以在学校体育教学中,应顺应素质教育的潮流,树立"健康第一""终身体育"与素质教育相结合的体育教学理念。在体育教学中,要始终将"健康第一""终身体育"放在首位,这两个教学理念的作用和价值是不可轻易撼动的。只有充分认识到这一点,才能进一步深化素质教育改革。总体来讲,素质教育离不开"健康第一""终身体育",前者是后者的发展基础,后者是前者的发展要求。

四、高校体育教学理念的具体形式

(一)"健康第一"的理念

增强青年体质、促进青年健康成长是关系国家和民族未来的大事,需要全社会的关心与支持。健康的体魄是青年学生为祖国和人民服务的基本前提,也是中华民族旺盛生命力的体现。高校教育要树立"健康第一"的指导思想,切实加强体育工作。只有拥有健康的身体,才可能拥有健康的心理,从而学到更为丰富的知识和技能,为国家、为社会的发展做出贡献,最终成为建设小康社会的有用之才。

坚持"健康第一"的理念是高校体育教育整体改革的重要方向。随着社会的发展,市场经济对人才的培养提出了新的要求,大学生的健康问题已不局限于体质的强弱,而是逐渐扩展到身体、心理、社会适应能力和道德品质等多个维度,这也是"健康第一"的新内涵。高校体育工作是高等教育工作的重要组成部分,处于学生成才的基础性地位,对于培养学生终身体育意识,养成良好的运动习惯,适应未来多变的社会环境,构建和谐美好的人生具有举足轻重的作用。高校教育工作者必须树立正确的健康观和人才观,更要引导大学生树立正确的人才观和健康观,让"健康第一"的指导思想在大学生中形成共识,促进高校体育工作高效、和谐地健康发展。

(二)终身体育的理念

受到终身教育的影响,加上人们追求健康长寿、改善生活方式、提高生活质量的主体需求,终身体育思想在 20 世纪 80 年代应运而生。终身体育是指一个人终身主动接受体育教育指导、参加体育锻炼。终身体育思想是从人的生涯角度对体育问题的理性认识,它以人为出发点,从哲学的角度探讨人、体育、社会三者的关系,旨在塑造全面发展的人,发挥体育运动对推动人和社会发展的巨大功能。

现代教育特别强调"为学生的终身发展奠定基础"。终身体育的理念是指以培养学生终身参与体育活动的能力和习惯为主导的思想。这种思想认为,学校体育是终身体育的最重要的、具有决定性意义的中间环节,主张在学校阶段培养学生终身从事体育学习和锻炼的观念和习惯,并使学生掌握终身体育的基本理论和方法。

学校体育是奠定终身体育基础的最好时机。通过体育活动,一方面可以促进大学生正常地生长发育、增强体质,打好体质健康基础;另一方面可以帮助大学生掌握体育的基本理论知识和锻炼方法,培养他们对体育的爱好、兴趣,养成体育锻炼的习惯,使体育活动成为学生生活中不可或缺的内容。这个阶段所产生的体育后效应将在学生毕业后的几十年生涯中表现出来。终身体育是依靠在高校体育阶段形成的体育意识、习惯和能力,在人生的各个不同阶段继续坚持体育学习和健身,不断修炼个性,充实人生,提高生活乃至生命质量,它是高校体育的长远目标。

(三)素质教育的理念

素质教育是以提高国民素质为宗旨的教育。它着眼于受教育者及社会的长远发展要求,以面向全体学生、全面提高学生基本素质为根本宗旨,以注重培养受教育者的态度、能力,促进其在德、智、体、美、劳等方面生动、活泼、主动地发展为主要特征。它以全面提高学生的基本素质为目的,以尊重学生的主体性和主动精神为基础,注重开发学生的智慧潜能,以注重形成学生健全个性为重要特征。

就个人发展而言,体育在提高大学生的健康素质的同时,还能健全大学生的人格,磨炼大学生的意志。学生经历的每一次体育活动和竞赛都在潜移默化地教育、熏陶他们,培养他们团结、合作、坚强、献身和友爱的高尚情操。可以说,加强高校体育工作,促进大学生健康成长是高等教育本质的回归。

第五节 高校体育教学创新发展策略

高校体育教学目标是提高学生的身体素质,培养学生基本的体育素养,实现学生能力的全面发展。针对传统教学模式下体育教学存在的问题,教师需要深入分析原因,结合学生的实际特点,不断创新教学方法与内容,提高体育教学水平,助力学生的成长。

一、秉持先进的教学理念,大力开发体育教学资源

教学理念及教学方法直接决定了教学效果,先进的教学理念及科学的教学方法是教师完成既定教学目标的有效保障。所以教师需要结合学

生的实际情况,设定合理的教学目标,以因材施教的理念为基础,最大限度地满足不同学生的学习需求。在体育教学过程中,教师应当积极与学生交流互动,利用现代化的教学设备及体育器材开展教学,不断提高学生的身体素质。在教学过程中,教师需要充分尊重学生的个性,结合学生的兴趣爱好及性格特点设置合理的教学内容,释放学生的天性。同时,教师在课堂上应明确学生对教学内容的心理感受,不断调整教学方法及教学策略,提高体育教学方法的科学性。另外,教师应当加大对教学内容的研究力度,完善教学工作的总体规划,积极整合各类教学资源,保证教学质量。高校应当加大对体育教师的培养力度,定期邀请相关教育专家讲解最新的教育理念,丰富教师的知识结构,以此来满足学生的学习需求。高校还应当加大体育场馆和体育设施的资金投入力度,增加体育器材的种类及数量,不断改善学生的运动环境。教师应当加强对体育教材的研究,完善教学内容,确保课程体系的合理性。

二、优化课程结构体系

新的课程标准要求高校体育教学注重培养学生的身心综合素质,为此,教师应当将课外体育活动与课堂体育教学有机结合,定期组织学生参与体育锻炼,构建起校内与校外相结合的完整课程体系。同时,教师开展体育教学需要充分尊重学生身心发展规律,以促进学生身心健康发展为基础目标,不断丰富课堂教学内容,注重体育教学的整体功能,促进学生的健康成长。

三、改革高校体育教学方法

在高校体育教学过程中,教师需要在提升自己体育教学能力的基础上改进教学方法,促进学生综合素质的提高及身心健康发展。为此,教师需要深入研究教材内容,注重理论知识与实践的结合,向学生讲授基本体育理论与体育精神。教师还应当秉持先进的教学理念,采取分层教学等先进的教学模式,以学生为课堂主体,鼓励学生在课堂上自主探究,通过合作等方式完成学习任务。此外,为保证全体学生的共同发展,教师应当布置差异化的学习任务,鼓励学生互帮互助,提高课堂教学效率,提升教学质量。

四、增加学生感兴趣的教学内容

为提高学生的学习兴趣,教师需要结合学生特点,制订针对性较强的教学计划,适度增加体育活动的难度,并在教学过程中加入一些综合性的体育项目,以丰富课堂教学内容,如将短跑与足球的运球和移动结合。在选修体育课程中,教师可以加入学生感兴趣的内容,如游泳、网球、乒乓球等,也可增加射击、健美操、武术、攀岩等内容,学生可以依据自身的兴趣爱好自由选择。学生也可以自主选择任课教师和上课时间。这些都可以使学生从内心深处热爱体育锻炼,从而提高身体素质。

五、建立科学的教学评价机制

高校体育教学在教学评价中需要弱化选拔和甄别功能,重点激发学生的体育潜能。在评价内容中加入学习态度、参与体育活动积极性、努力认真程度等内容,重点考查学生的进步情况。教师在日常教学中应当指导学生树立正确的目标,激发学生的体育学习热情,使学生养成良好的运动习惯。在建立评价机制过程中,应当将终结评价、过程评价、诊断评价相结合,改变单一的评价方法,结合期末考试、书面考察、口头考试等评价方法,注重过程评价,保证评价方式的合理性。教师可以鼓励学生参与各类体育活动,将其日常参与体育活动的数量作为评价内容,建立多元化的评价机制,使学生明确自己的优势与不足,以及时调整学习方法。

六、树立终身体育意识

在体育教学过程中,教师应该注重培养和强化学生终身体育的意识,让学生认识到体育锻炼是一个长期的过程。终身体育意识是对体育教学目标的扩展和补充,要求学生不仅应在体育课堂上进行体育锻炼,也将体育锻炼的习惯带到日常生活中,提高身体素质。为了培养学生的终身体育意识,高校应该设定与其一致的教学目标、教学方法和教学内容,同时注重增加新的体育项目。除此之外,还要充分尊重学生的个体差异,认识到学生身体素质的不同,尊重学生的个性特点,促进学生的个性发展,培养学生正确的体育价值观,促进学生身心的健康发展。让学生掌握基本的体育技能,养成体育锻炼的良好习惯。

七、开展针对性教学,建立健康档案

高校需要发挥体育教学的作用,以多元化的体育教学内容为学生的成长提供必要的支持。

其一,高校要营造良好的体育锻炼氛围。高校是优质人才的培养基地,体育教学的效果直接影响学生的发展。目前高校的体育器材相对齐全,多元化的体育社团营造了良好的体育环境,在此基础之上,高校要进一步优化体育教学氛围,提升学生参与体育锻炼的积极性,如通过学校的公众平台宣传体育锻炼的价值,并提供更多的体育锻炼机会和场所。

其二,高校要建立动态的电子健康档案。学生只有保持较高的自主性,才能够主动参与体育活动,增强体育锻炼意识。为此,高校可以充分利用信息技术,将大学生的体测成绩、体育课堂表现等作为原始数据,生成动态电子健康档案,以大数据的方式统计学生的健康状况,并根据电子健康档案的具体信息评估学生的健康状况,这样不仅可以"对症下药",还可以让学生清楚地了解自己的基本情况,提高学生参与体育锻炼和体育课堂的积极性。灵活使用电子健康档案,对后续的体育教学工作的持续推进有重要意义。

八、因地制宜,创新体育教学模式

当前,高校体育教学面临全新的发展环境,为了适应体育事业发展的需要,高校要在体育教学工作中探索新思路,找准目标定位,创新体育教学模式。以北方地区的高校为例,在冬季开展体育教学的过程中,可以将冰雪运动作为核心体育教学内容,如高校可以开设雪地足球、滑冰、滑雪等体育课程,以天然的资源优势呈现体育本身的独特魅力,使冰雪资源得到充分挖掘。冰雪体育项目不仅能丰富学校体育教学的内容,还能为培养冰雪运动人才打好基础。以雪地足球项目为例，冬季的足球场地可以作为雪地足球的主要场地，教师在使学生明确雪地足球的基本规则后，吸引学生参与其中，感受足球运动的别样魅力，在寒冷的冬季，学生可以享受体育带来的乐趣和浓郁的冰雪氛围。南方地区的高校也可以尝试开发一些新的体育项目，并将其融入高校的体育教学内容，如定向运动、拓展运动等。与传统的体育教学内容不同，新的体育项目势必会为高校体育教学提供新的发展思路，带给学生全新的体验，契合社会对高校体育教学提出的新要求。体育项目的趣味性和可拓展性较强，与传统的课堂教学内容相比更具吸引力。受气候影响，南方地区河流众多，水资源丰富，所以南方地区的高校可以引入一些水上体育项目，如赛龙舟、皮划艇等。

高校体育教学应因地制宜，结合地区优势资源创新教学模式。北方地区要善于挖掘冰雪等体育教学资源，南方地区则要充分利用气候条件和地理环境优势，将新兴体育项目融入教学课堂。体育教学资源的有效利用有助于创新教学内容和教育理念，推动高校体育教学的发展。

九、刚柔并济，促进学生个性彰显

目前高校的任务之一就是协调刚性要素和柔性要素，做到"刚柔并济"。

一方面，高校要明确体育教学的刚性要素。高校要在政策上明确体育教学的刚性要素，包括具体的体育教学工作、师资力量、体育设施等，以确保体育教学工作的顺利开展。例如高校在建设体育社团和体育俱乐部时，要有严格的准入标准、硬性的要求，使高校的体育教学有明确的参考依据。另一方面，高校要在刚性要素的支撑下探索柔性的教学方式。高校在组织体育教学工作时，要灵活运用柔性的管理方法，既让学生感受到体育的独特魅力，又使学生达到考核标准与要求。高校体育教学"刚柔并济"的策略对提高学生参与体育教学的积极性有促进作用，在促进学生个性发展的基础上凸显体育教学改革的价值。

十、强化心理干预

为了培养学生的终身体育意识，高校需要强化对学生的心理干预，使学生保持积极的心态。

其一,在开展体育课堂教学过程中,教师不仅要关注体育基础理论知识与技能的传授,更要关注学生的心理状态,如在体育教学过程中,关注学生的心理变化情况,并针对性地调整教学方案与教学思路,满足学生的心理预期。要及时疏导学生的不良情绪,善于发现和掌握学生的心理变化情况,发挥体育的心理价值与功能。

其二,将心理素质作为评价指标之一。在高校体育教学中,科学的评价方式尤为重要。为此,教师应关注学生的心理素质,并将其作为主要的评价内容之一,为后续的体育教学创新提供必要的条件。

第三章　高校体育教学理念

第一节　"以人为本"的教学理念

一、"以人为本"教学理念的内涵

"以人为本"的教学理念在高校体育教学中强调以学生为主体,关注学生的个性、需求、兴趣和发展。这一理念将学生视为具有独立人格和价值的个体,尊重学生的差异,致力于培养学生的全面发展。

（一）尊重学生的个性差异

每个学生都有自己独特的性格、兴趣爱好和体育能力。在高校体育教学中,教师应充分认识到学生的个性差异,避免采用"一刀切"的教学方法。例如对于身体素质较好、运动能力较强的学生,可以提供更高难度的挑战和训练;而对于身体素质较弱、运动能力偏弱的学生,则应给予更多的鼓励和支持,制订适合他们的教学计划。

尊重学生的个性差异还体现在教学评价上。传统的体育教学评价往往以统一的标准来衡量学生的成绩,这对于一些具有特殊情况的学生来说可能不公平。"以人为本"的教学理念要求教师建立多元化的评价体系,综合考虑学生的学习态度、努力程度、进步幅度等因素,给予学生客观、公正的评价。

（二）满足学生的需求和兴趣

高校学生对体育的需求和兴趣各不相同。有些学生喜欢篮球、足球等团队运动,而有些学生则喜欢瑜伽、游泳等个人运动。教师应了解学生的需求和兴趣,根据学生的喜好来设计教学内容和教学方法。例如可以开设多种体育选修课程,让学生根据自己的兴趣进行选择;在教学过程中,可以采用游戏化、竞赛化等教学方法,激发学生的学习兴趣。

满足学生的需求和兴趣还可以提高学生的参与度和积极性。当学生对体育课程感兴趣时,他们会更加主动地参与教学活动,从而提高教学效果。此外,通过满足学生的需求和兴趣,还可以培养学生的终身体育意识,让他们在毕业后仍然能够保持对体育的热爱和参与。

(三)促进学生的全面发展

"以人为本"的教学理念强调培养学生的综合素质,不仅包括身体方面的发展,还包括心理、社会适应等方面的发展。在高校体育教学中,教师应通过体育教学培养学生的团队合作精神、竞争意识、意志品质等。例如在团队运动项目中,学生可以学会与他人合作、沟通和协调,提高团队合作能力;在竞技运动项目中,学生可以培养竞争意识和拼搏精神,提高自己的心理素质。

促进学生的全面发展还需要关注学生的个体差异。每个学生在身体、心理和社会适应等方面的发展水平不同,教师应根据学生的实际情况制订个性化的教学计划,帮助学生在各个方面都得到发展。例如对于身体素质较弱的学生,可以重点关注他们的身体锻炼,提高他们的身体素质;对于心理素质较弱的学生,可以通过心理辅导等方式帮助他们提高心理素质。

二、"以人为本"教学理念在高校体育教学中的实施策略

(一)转变教学观念

教师是高校体育教学的实施者,要实现"以人为本"的教学理念,首先需要教师转变教学观念。教师应把传统的以教师为中心的教学观念转变为以学生为中心的教学观念,充分认识到学生在教学中的主体地位。教师要尊重学生的个性差异,关注学生的需求和兴趣,以学生的发展为出发

点和落脚点来设计教学内容和教学方法。

学校也应加强对教师的培训和引导，提高教师对"以人为本"教学理念的认识和理解。可以通过组织教师参加培训、研讨会等方式，让教师了解最新的教育教学理念和方法，提高教师的教学水平。

(二)优化教学内容和方法

教学内容是高校体育教学的核心，要实现"以人为本"的教学理念，需要优化教学内容。教学内容应具有多样性、趣味性和实用性，能够满足学生的需求和兴趣。例如可以增加一些新兴的体育项目，如攀岩、滑板等；可以将体育与文化、艺术等相结合，开展体育文化活动；可以结合学生的专业特点，开设一些与专业相关的体育课程。

教学方法是实现教学目标的手段，要实现"以人为本"的教学理念，需要优化教学方法。教学方法应具有灵活性、创新性和针对性，能够适应不同学生的需求和特点。例如可以采用分层教学法，根据学生的体育能力进行分层教学；可以采用小组合作学习法，让学生在小组中互相学习、互相帮助；可以采用探究式教学法，让学生通过自主探究来学习体育知识和技能。

(三)建立多元化的评价体系

教学评价是高校体育教学的重要环节，要实现"以人为本"的教学理念，需要建立多元化的评价体系。评价体系应包括过程性评价和终结性评价，综合考虑学生的学习态度、努力程度、进步幅度等因素。例如可以通过课堂表现、作业完成情况、平时测验等方式对学生进行过程性评价，也可以通过期末考试、体育比赛等方式对学生进行终结性评价。

评价体系还应具有客观性、公正性和激励性。评价结果应能够真实反映学生的学习情况，同时能够激励学生积极进取。例如可以采用等级评价法，将学生的成绩分为优秀、良好、合格、不合格四个等级，也可以采用评语评价法，对学生的学习情况进行具体的评价和建议。

(四)加强师生互动和沟通

师生互动和沟通是高校体育教学的重要组成部分,要实现"以人为本"的教学理念,需要加强师生互动和沟通。教师应与学生建立良好的师生关系,关注学生的学习和生活情况,及时了解学生的需求和问题。例如可以通过课堂提问、课后辅导等方式与学生进行互动和沟通,也可以通过微信、QQ 等社交软件与学生进行交流和沟通。

加强师生互动和沟通还可以提高学生的参与度和积极性。当学生感受到教师的关注和支持时,他们会更加主动地参与教学活动,从而提高教学效果。此外,通过师生互动和沟通,还可以促进教师的教学反思和改进,提高教师的教学水平。

三、"以人为本"教学理念在高校体育教学中的意义

(一)提高学生的学习兴趣和积极性

"以人为本"的教学理念关注学生的需求和兴趣,能够根据学生的喜好来设计教学内容和教学方法,从而提高学生的学习兴趣和积极性。

(二)促进学生的个性发展

"以人为本"的教学理念尊重学生的个性差异,能够根据学生的特点来制订教学计划和评价体系,从而促进学生的个性发展。每个学生都有自己独特的潜力和才能,通过"以人为本"的教学理念,能够让学生充分发挥自己的优势,实现个性化发展。

(三)培养学生的终身体育意识

"以人为本"的教学理念注重培养学生的兴趣和爱好,能够让学生在体育学习中体验到快乐和成就感,从而培养学生的终身体育意识。

(四)提高教师的教学水平

"以人为本"的教学理念要求教师转变教学观念,优化教学内容和方法,建立多元化的评价体系,加强师生互动和沟通。这些要求能够促进教

师的教学反思,提高教师的教学水平和专业素养。

第二节 "健康第一"的教学理念

一、"健康第一"教学理念的内涵

"健康第一"的教学理念是指在高校体育教学中,以促进学生的身体健康为首要目标,同时关注学生的心理健康和社会适应能力。这一理念强调体育教学不仅要传授体育知识和技能,更要培养学生的健康意识和行为习惯,为学生的终身健康奠定基础。

(一)身体健康

身体健康是"健康第一"教学理念的基础。在高校体育教学中,教师应通过体育教学提高学生的身体素质,包括力量、速度、耐力、灵敏、柔韧等方面。例如可以通过田径、体操、游泳等项目来提高学生的心肺功能和耐力;可以通过篮球、足球、排球等项目来提高学生的速度和灵敏性;可以通过瑜伽、普拉提等项目来提高学生的柔韧性。

身体健康还包括预防疾病和损伤。教师应在教学中传授给学生正确的运动方法和安全知识,帮助学生预防运动损伤和疾病。例如在进行体育活动前,教师应指导学生进行充分的热身运动;在进行体育活动时,教师应提醒学生注意安全,避免发生意外事故。

(二)心理健康

心理健康是"健康第一"教学理念的重要组成部分。在高校体育教学中,教师应通过体育教学培养学生的心理健康,包括情绪调节、压力管理、自信心培养等方面。例如可以通过体育比赛、团队活动等方式培养学生的竞争意识和合作精神;可以通过瑜伽、冥想等方式帮助学生缓解压力、调节情绪;可以通过表扬、鼓励等方式提高学生的自信心。

心理健康还包括培养学生的积极心态和乐观精神。教师应在教学中引导学生树立正确的人生观和价值观,培养学生积极的心态和乐观的精神。例如在面对困难和挫折时,教师应引导学生勇敢面对,积极寻找解决问题的方法;在取得成绩和进步时,教师应引导学生保持谦虚和谨慎,不断努力提高自己。

(三)社会适应能力

社会适应能力是"健康第一"教学理念的重要体现。在高校体育教学中,教师应通过体育教学培养学生的社会适应能力,包括人际交往、团队合作、领导能力等方面。例如可以通过团队运动项目培养学生的团队合作精神和沟通能力;可以通过体育比赛培养学生的竞争意识和领导能力;可以通过体育活动培养学生的社会责任感和公民意识。

社会适应能力还包括培养学生的文化素养和审美能力。教师应在教学中引导学生了解体育文化和艺术,培养学生的文化素养和审美能力。例如在进行体育教学时,教师可以介绍一些体育明星和体育赛事,让学生了解体育文化的魅力,也可以通过体育艺术表演等方式培养学生的审美能力。

二、"健康第一"教学理念在高校体育教学中的实施策略

(一)树立正确的教学目标

教师应树立正确的教学目标,将"健康第一"的教学理念贯穿整个教学过程。教学目标应包括身体健康、心理健康和社会适应能力三个方面,既要注重学生的身体素质提高,又要关注学生的心理健康和社会适应能力培养。

学校也应加强对体育教学目标的管理和监督,确保教学目标的实现。既可以通过制定教学大纲、制订教学计划等方式明确教学目标,又可以通过教学评估、学生反馈等方式对教学目标的实现情况进行监督和评价。

(二)优化教学内容和方法

教学内容应符合"健康第一"的教学理念,既要包括体育知识和技能

的传授,又要包括健康意识和行为习惯的培养。例如可以在体育教学中增加健康教育内容,如营养知识、运动损伤预防等,也可以将体育与心理健康教育相结合,开展心理拓展训练等活动。

教学方法应多样化、趣味性和实效性,能够激发学生的学习兴趣和积极性。例如可以采用游戏化教学法、情境教学法等,让学生在轻松愉快的氛围中学习体育知识和技能,也可以采用小组合作学习法、探究式学习法等,培养学生的团队合作精神和创新能力。

(三)加强体育设施建设和管理

体育设施是高校体育教学的重要保障,学校应加强体育设施建设和管理,为学生提供良好的体育教学环境。体育设施应包括体育场馆、器材设备等方面,要保证设施的齐全、安全和卫生。

学校还应加强对体育设施的管理和维护,确保设施的正常使用。可以制定体育设施管理制度,明确管理责任和使用规范;可以定期对体育设施进行检查和维护,及时发现和解决问题。

(四)建立健全的教学评价体系

教学评价是高校体育教学的重要环节,学校应建立健全的教学评价体系,对教学效果进行全面、客观的评价。教学评价应包括学生的学习成绩、学习态度、身体素质、心理健康和社会适应能力等方面,要综合考虑学生的全面发展。

教学评价还应具有激励性和反馈性,能够激发学生的学习兴趣和积极性,同时为教师的教学改进提供参考。例如可以采用多元化的评价方式,如学生自评、互评、教师评价等,也可以及时向学生反馈评价结果,让学生了解自己的学习情况和进步幅度。

三、"健康第一"教学理念在高校体育教学中的意义

(一)促进学生的全面发展

"健康第一"的教学理念强调学生的身体健康、心理健康和社会适应

能力的全面发展。通过体育教学,学生不仅可以提高身体素质,还可以培养良好的心理素质和社会适应能力,为学生的终身发展奠定基础。

(二)提高学生的健康意识和行为习惯

"健康第一"的教学理念注重培养学生的健康意识和行为习惯。通过体育教学,学生可以了解健康的重要性,掌握正确的运动方法和健康知识,养成良好的运动习惯和生活方式,提高自己的健康水平。

(三)推动高校体育教学改革

"健康第一"的教学理念为高校体育教学改革提供了指导思想。在这一理念的指导下,高校体育教学将更加注重学生的需求和兴趣,更加注重教学内容和方法的创新,更加注重教学评价的多元化和科学性,从而推动高校体育教学的改革和发展。

(四)培养社会需要的高素质人才

"健康第一"的教学理念符合社会发展的需要,培养的学生具有良好的身体素质、心理素质和社会适应能力,使他们能够适应社会的发展和变化,成为社会需要的高素质人才。

四、"健康第一"教学理念下的课外体育活动

(一)体育社团与俱乐部

高校可以大力发展体育社团和俱乐部,为学生提供更多参与体育活动的机会。不同的社团和俱乐部可以涵盖各种体育项目,满足学生多样化的兴趣爱好。例如篮球俱乐部可以组织校内联赛、校外交流赛等活动,提高学生的篮球技能和竞技水平;瑜伽社团可以开展瑜伽课程、冥想活动等,帮助学生放松身心、缓解压力。

学校可以为体育社团和俱乐部提供必要的场地、器材和资金支持,鼓励学生自主管理和组织活动。同时,安排专业的体育教师进行指导,确保活动的安全性和有效性。

(二)校园体育赛事

举办丰富多彩的校园体育赛事是践行"健康第一"教学理念的重要途径。可以组织各类体育比赛,如田径运动会、篮球赛、足球赛、羽毛球赛等。这些赛事不仅可以激发学生的竞争意识和团队精神,还能提高学生的体育参与度和积极性。

在组织校园体育赛事时,要注重赛事的公平性、公正性和趣味性。可以设置不同的奖项和荣誉,鼓励更多的学生参与其中。同时,要做好赛事的宣传和推广工作,营造浓厚的校园体育氛围。

(三)户外运动拓展

高校可以组织学生参加户外运动拓展活动,如徒步、登山、露营等。这些活动可以让学生亲近大自然,在锻炼身体的同时,培养学生的毅力、勇气和团队合作能力。

在开展户外运动拓展活动时,要做好安全保障工作,配备专业的指导人员和必要的安全设备。同时,要对学生进行安全教育和培训,提高学生的安全意识和自我保护能力。

五、"健康第一"教学理念与现代科技的结合

(一)运动数据分析

利用现代科技手段,如运动手环、智能手表等设备,可以对学生的运动数据进行实时监测和分析。教师可以通过这些数据了解学生的运动强度、心率、睡眠等情况,为学生制订更加科学合理的运动计划。

运动数据分析还可以帮助学生了解自己的身体状况和运动效果,激发学生的运动兴趣和积极性。同时,学生可以根据数据分析结果调整自己的运动方式和强度,提高运动的安全性和有效性。

(二)在线体育课程

随着互联网技术的发展,在线体育课程成为高校体育教学的新形式。在线体育课程可以打破时间和空间的限制,让学生随时随地进行学习和

锻炼。同时,在线体育课程可以提供丰富的教学资源,如视频教程、图文资料等,满足学生的个性化学习需求。

高校可以开发自己的在线体育课程平台,或者与专业的在线教育机构合作,为学生提供优质的在线体育课程服务。教师可以通过在线平台与学生进行互动和交流,解答学生的问题,指导学生的学习和锻炼。

(三)虚拟体育竞技

虚拟体育竞技是利用虚拟现实技术和电子游戏技术开展的体育竞技活动。虚拟体育竞技可以让学生在虚拟的环境中体验各种体育项目,提高学生的体育兴趣和竞技水平。

高校可以组织学生参加虚拟体育竞技比赛,如虚拟足球赛、虚拟篮球赛等。这些比赛可以培养学生的竞争意识和团队精神,同时也可以让学生体验到科技与体育的结合之美。

六、"健康第一"教学理念的未来发展趋势

(一)个性化体育教学

随着人们对健康的重视程度不断提高,个性化体育教学将成为未来高校体育教学的发展趋势。教师可以根据学生的身体状况、兴趣爱好、运动能力等因素,为学生制订个性化的运动计划,制订合理化的教学方案。

个性化体育教学可以提高学生的运动效果和参与度,同时也可以减少运动损伤的发生。未来,随着科技的不断发展,个性化体育教学将更加精准和高效。

(二)融合式体育教学

融合式体育教学是将体育教学与其他学科教学相融合的教学模式。例如将体育教学与健康教育、心理健康教育、艺术教育等相结合,培养学生的综合素质和能力。

融合式体育教学可以打破学科之间的界限,让学生在不同的学科领域中学习和成长。未来,融合式体育教学将成为高校体育教学的重要发

展方向。

(三)智能化体育教学

智能化体育教学是利用人工智能、大数据、物联网等技术开展的体育教学活动。智能化体育教学可以实现教学过程的自动化、智能化和个性化,提高教学效率和质量。

例如利用智能运动设备可以对学生的运动数据进行实时监测和分析,为学生提供个性化的运动建议和指导;利用人工智能技术可以开发智能体育教学软件,为学生提供更加丰富的教学资源和互动体验。未来,智能化体育教学将成为高校体育教学的重要发展趋势。

总之,"健康第一"的教学理念在高校体育教学中具有重要的意义和价值。通过实施"健康第一"的教学理念,高校可以培养学生的健康意识和体育素养,提高学生的身体素质和心理健康水平,促进学生的全面发展。同时,高校还可以推动体育教育改革,营造良好的校园文化氛围,为提高国民健康素质做出贡献。在未来的发展中,高校应不断创新和完善"健康第一"的教学理念,结合现代科技手段,为学生提供更加优质的体育教学服务。

第三节 "终身体育"的教学理念

一、"终身体育"的教学理念基础分析

(一)"终身体育"的基本内涵

"终身体育"教育思想的形成是人类自身和社会发展的必然。终身体育包括两个方面的内容:第一,终身体育贯穿人的一生,从出生开始一直延续到生命的结束,每个人都应养成参加体育锻炼的习惯,体育是日常生活的重要组成部分;第二,终身体育是科学的体育教育,在人一生中的不同的阶段,都有正确的价值观念来指导和引导个体参加体育活动,并通过参加实现自身的健康发展,使其终身受益。具体可以从以下几方面来理

解终身体育:①时间方面,贯穿人的一生。②内容方面,项目丰富多样,选择性强。③人员方面,面向社会全体公民。④教育方面,旨在提高全民体质健康水平。

学校树立和形成"终身体育"教学思想能有效促进我国体育教学发展,这是所有运动项目的体育教学都应秉持的正确思想观念。要切实推动终身体育教育理念在高校的贯彻落实,教师在推动"终身体育"教育思想的落实方面具有非常重要的责任与作用。调查发现,在体育运动的参与方面,有很多学生受教师影响,特别是教师的业务水平影响较大。教师应在教学中以及课堂外倡导学生积极参与体育锻炼。在体育课堂教学中,教师应关注学生终身体育意识和能力的培养。在体育课堂外,教师可以组织学生开展各种体育活动和体育游戏,对于高校学生体育俱乐部活动的开展,教师应给予鼓励并提出指导性意见和建议。

(二)"终身体育"的思想特征

1. 体育锻炼时间的终身性

"终身体育"是一种先进的教育理念,其最重要的一点是能让个体一生受益。从教育功能对个体的影响来看,"终身体育"将体育教育时间大大延长,贯穿人的一生。"终身体育"教育理念强调体育教学应符合学生生长和心理发展的客观规律,以及健身的长久性,注重培养学生对体育的爱好和兴趣,帮助学生养成锻炼的习惯和能力,强调体育参与的终身性,以实现终身受益。

2. 体育锻炼群体的全民性

"终身体育"的参与对象指接受终身体育的所有人,每一个社会成员都应该积极参与,"终身体育"是面向全体社会成员的,从学生在学校体育教学中逐渐培养起体育锻炼意识到走出校门、步入社会之后能持续参与体育锻炼,为以后的整个人生参与体育锻炼奠定了良好的基础。因此,终身体育教育的主体并不局限于在校学生,而是面向所有民众,应做到全民积极、主动参与。从一种体育发展理念演变为一种体育教育理念,"终身体育"教育理念的教育对象是面向整个人类社会成员的,"终身体育"教育不仅仅面向学生,还包括社会大众。体育教育是一个需要长期坚持的系统工程,生存、健康是社会和时代发展的主流,健康是人们生存生活的重要基础,体育健身与生活是密不可分的。因此,无论个体的年龄、社会身份发生怎样的变化,都应该成为"终身体育"的教育对象。

3.体育锻炼目的的实效性

"终身体育"以适应个人与社会发展为着眼点。因此,参与终身体育必须做到因地制宜、因人而异,不同的人应结合自身实际,选择锻炼内容、方式和方法,同时,将其融入日常的生活、学习、工作中。在现代社会生活中,人们为了改善生活质量,根据自身条件合理选择适合自己的体育方式,具有较强的针对性和实效性。在高校体育教育教学中,体育教学内容的选择、方法的运用应为提高学生体育知识与技能服务,不断增强学生的终身体育意识和能力。这样一来,大学生毕业进入社会后,也能持续参与体育锻炼。

(三)"终身体育"与学校体育

1.终身体育与学校体育的相同点

(1)共同的目标——育人

体育具有多元教育价值,无论是终身体育参与还是体育教育活动参与,其最终目标是实现体育运动者的体育、智育、德育、美育等多元价值,更好地促进运动参与者的健康全面发展。健康的身体是其他方面健康的基础,学校体育教学就是要培养学生的终身体育意识与能力,以健康的一生为更好地实现个人价值和社会价值奠定基础。

(2)共同的手段——健身

终身体育活动参与和体育教育都是通过体育运动健身参与来实现体育的教育价值的,最终的个体行为也都落实在体育健身活动上面,终身体育强调个体应养成终身参与体育锻炼的习惯,在人生的每一个阶段都积极参与体育健身锻炼。体育教学以学生的身体练习为主要教学手段,通过身体活动促进身心的全面发展。

(3)共同的任务——掌握体育知识,提高运动能力

个体的终身体育健康参与离不开科学体育知识作指导,更离不开体

育健身锻炼实践活动参与,而同时,体育知识与体育技能的掌握也是高校体育教学的重要任务,只有掌握这两方面的内容,才能更加科学地去从事体育健身实践活动,才能通过身体力行的体育活动参与实现运动者身心健康的全面发展。

2.终身体育与学校体育的区别

第一,体育参与时限不同。终身体育贯穿人的一生,学校体育只负责学生在校期间的体育教育。第二,体育教育对象不同。终身体育以全社会所有成员为教育对象,学校体育以在校学生为教育对象。

二、贯彻"终身体育"理念的意义

终身体育的产生和发展具有重要的社会意义,大量的实践表明,终身体育对社会的发展具有重要的促进作用,而现代社会的高度发展也需要终身体育。具体来说,对"终身体育"的理念进行贯彻是当今社会发展的要求,有着非常重要的时代意义,这主要从以下几个方面体现出来。

(一)提倡终身体育的思想满足现代化社会发展的需要

体育事业在现代社会的发展离不开终身体育理念,必须将其作为重要工作来抓。随着现代社会的不断发展,人们常常把从事身体锻炼作为生活方式的重要内容和标志,这是人类文明发展的必然趋势。倘若一个国家的人民都能够坚持每天进行身体锻炼,并养成终身参与体育锻炼的习惯和意识,那么对于实现国家现代化发展将会有非常重要的意义。

(二)迎合终身教育思想,促进学校体育改革

终身体育思想的形成与发展是终身教育思想发展的结果。通常情况下,当学生毕业后,随着学业的结束,他们的体育锻炼也随之结束了。而终身体育则注重对学生各方面能力的培养,注重培养学生对体育的爱好、兴趣,使其养成锻炼的习惯,掌握系统的体育基本理论知识和科学的身体锻炼方法以及检查评定方法,形成终身体育的意识、思想、能力和习惯,对学生自觉、自愿参加和组织体育活动的能力提出更高的要求。在新的时代背景下,终身体育思想观念的提出为学校体育教育改革指出了新的思路和方向,能极大地促进学校体育的发展。

(三)满足体育生活化社会发展趋势的需求

在当前社会背景下,通过树立终身体育意识和观念,坚持体育运动锻炼,可促使社会成员不断增强体育意识,提高人们对体育运动锻炼的认识,形成自觉自愿锻炼的良好风气,这是现代社会发展的必然。终身体育观念和意识的形成对推动群众体育发展以及促进文化交流都有着非常重要的作用。终身体育注重人的个体性,着眼于不同年龄阶段、生活环境和职业特点,选择不同内容和方法,采用不同形式进行身体锻炼,使人终身受益,这种群众体育活动才是真正意义上的普及活动。值得注意的是,由于受到诸多因素的制约和影响,我国每年开展的体育活动非常有限,体育锻炼实效性欠佳,这就需要我们采取各种措施有效促进群众体育更好地发展。总之,倡导终身体育不仅是发展群众体育的有效途径,同时也是实现我国体育生活化社会发展趋势的要求。

(四)终身体育的发展有利于经济建设

社会各个方面的因素都会对体育的发展产生制约,其中经济是最为重要的一个因素,经济发展水平会对终身体育发展产生制约和影响。随着现代社会的不断发展以及我国社会主义现代化强国战略的实施,人们逐渐认识到体育与经济是不可分割的关系。在现代经济不断发展的条件下,人们的终身体育思想得到极大强化。在现代社会发展背景下,体育发展以社会对体育的需求为动力,经济发展既能促进社会对体育发展提出更高要求,也能为体育事业发展提供经济投资可能,终身体育的发展能够为经济的发展提供更为充足的动力,对社会经济的建设非常有利。

三、"终身体育"的教学理念对高校体育教学的指导

(一)转变传统体育教学思想

在"终身体育"教学思想指导下,高校体育教学应当在体育教学内容、体育教学方法、体育教学评价等方面都以培养和提高学生的终身体育意识和能力为标准。通过与学生日常生活、学习、工作关系更为密切、关联程度较大的体育项目教学,培养学生的运动习惯。

高校体育教育教学过程中,教师应将体育教学的目标制定从单纯过

度关注技能指标的观念中解放出来,关注学生的体育价值观、体育态度、体育意识、体育行为习惯,如此才能有针对性地开展体育教学,实现终身体育教育的目标。"终身体育"的教学理念既是高校体育教学改革的指导思想,也是高校体育教学发展的落脚点。

(二)重视学生终身体育意识的培养

个体的体育活动参与行为的实现必须建立在对"终身体育"教育理念有一个正确认识的基础上,"终身体育"意识是高校大学生主动进行体育学习、体育参与的重要内部驱动力和动机。

当前社会,社会节奏快、生活压力大,每个人都面临着各种各样的生理和心理负担,要获得高质量的生活,就必须确保身心健康发展,体育运动能有效促进运动者的身心保持良好的状态。终身体育对于促进学生的身心素质发展同样具有重要作用,学生走进社会之后,在社会上面临的各种压力并不比学生时代少,甚至要更多,体育健身锻炼是一种释放身心压力、重塑身心健康状态的过程,对运动者保持良好的身心状态迎接生活、学习、工作挑战是非常重要的,可以有效提高个人生活质量,提高学习、工作效率。

终身体育活动参与对于个人的社会性发展具有重要的促进作用,大学生坚持体育健身锻炼,能有效增强身心适应能力,可以在步入社会后更好地适应社会,提高自己的抗压能力。

现代高校体育教学实践中,要培养学生的终身体育意识,就要求教师应做好以下教育引导工作。①引导学生树立正确的体育价值观。②端正体育学习态度。③将素质技能、知识、能力等教育内容渗透到终身体育教育中。④通过体育教学丰富学生的体育知识、体育技能,提高终身参与体育的能力,为终身体育锻炼奠定基础。

(三)丰富终身体育教学内容的设置

学生的个体差异性决定了学生的体育兴趣爱好不同,所适合从事的体育运动项目不同,所渴望学习的体育运动知识与技能(水平)不同,因此,在高校体育教学中,应重视不同学生的不同体育发展需求,尽可能地丰富体育教学内容,使体育教学内容、项目和层次多样化。

在"终身体育"的教学理念指导下丰富体育教学的教学工作要求如下:①延伸与拓展学校体育课堂教育,使学校体育向终身体育延伸。②不同教学内容的课程目标设置应在充分了解与分析学生现状的基础上进行,以体育课程终身体育教学目标为导向组织体育教学。③选用体育课程内容时,应重视对休闲体育项目、时尚体育项目的引进,开展能够激发学生体育兴趣和潜能的体育活动。

(四)关注学生需求与社会需求的统一

"终身体育"旨在为学生提供一种健康的生活态度与生活方式,对于任何人来说,身体健康都是个体适应现代社会生活、工作、发展的必要条件。高校体育教育的"终身体育"教育理念的贯彻,就是要在培养符合社会发展的合格人才的基础上,促进学生的个性化发展,实现学生的社会价值与个人价值的共同发展。

高校终身体育教育对学生需求与社会需求统一性的实现,要求应做好以下工作:①重视国家需要、社会需要与学生个体需要的有机结合。②明确学生需要与社会需要的彼此地位。这是正确处理学校体育发展与社会需要适配性的关键问题。③重视体育教育的健身价值与人文价值的实现,重视体育知识、体育技能、体育习惯的共同培养。④围绕学生开展体育教学,充分满足学生的学习和发展需求。⑤全面提高大学生的体育素养,以符合社会发展对人才的体质、体能、知识、精神、道德要求。

"终身体育"教育有四个支柱,即"学会认知、学会做事、学会生活、学会生存",但应充分考虑"终身体育"与"以人为本""健康第一"的有机结合。

第四节　贯彻体育教学理念的注意事项

一、加强体育、卫生、美育、心理健康的综合教育

体育教育是一种以体育为主的全面教育。在体育教学中,应加强体育、卫生、美育等教育的充分结合,开展多元化、多方面的体育教育,需注

意以下几点。①学生参与体育活动必须注重营养,养成良好的卫生习惯,高校体育教学应综合开展多方面的体育教育。②高校体育教学中,应加强对学生的营养指导,让学生了解有关营养、卫生保健方面的知识。③高校体育教学中,应加强对学生的美育教育。美育不仅能陶冶学生的情操、提升学生的修养,还有助于开发他们的智力。体育是健与美的有机结合,将美育寓于体育之中,可提高学生对体育的兴趣,增强体育学习的情感体验,提升学生审美和创造美的能力。④高校体育教学中,应加强对学生的卫生保健教育,并紧密结合学生的生长发育与生活实际开展健康教育,使学生学会自我保护,促进学生的健康成长发育。⑤高校体育教学中,应加强对学生的心理健康教育,将学生的青春期教育和心理健康教育作为健康教育的重要内容来抓。

二、综合培养学生的体育健康意识、行为、能力

健康的意识、知识、方法、技能对每一个参与体育锻炼的人来说都非常重要。开展高校体育教学活动,要促进学生健康,需将体育教学与学生当前及日后日常生活与工作密切结合,使体育意识转化为体育习惯,并落实为体育行为。在以后发展中,能通过参与体育运动更好地促进生活与工作发展,将体育知识、技能转化为学生自觉行动的基础。通过体育教学传授给学生体育健康知识、锻炼方法、运动技能等,使学生能自主参与体育锻炼,并对体育锻炼效果进行正确的自我评价,进而不断改进完善体育锻炼效果。

具体来说,在体育教学中,学校和体育教师应做好以下几方面工作:①结合学生实际情况选择体育教材。②活动量应适量,避免过度运动。③加强对学生体育课外活动的指导力度。④组织开展多种体育比赛活动。⑤开展与体育相关的各学科教育,如运动学、心理学、营养学、保健学等。⑥坚持以运动技术教学为主,注重培养一专多能的体育人才。⑦将体育运动项目的开展与社会体育资源相结合,不断提高学生参与体育活动的能力。

三、实现"以人为本""健康第一""终身体育"多元教学理念的相互促进

在教育教学的发展过程中,出现了许多先进的体育教学理论和教学思想,这些教学理论和教学思想在不同的历史时期,对教育教学实践具有重要的促进和推动作用,而且在同一时期可能会有几种教学理论和教学思想同时对教育教学实践发挥着影响作用。

体育方面的教学思想有很多,各种体育教学理念各有优点和不足,不同体育教学思想可能相互补充,也可能存在冲突。教师在开展体育教学时,应注重对具体的体育教学实际进行分析,在"以人为本""健康第一""终身体育"三大教学理念的指导下,各种教学活动安排应充分体现这三个教学理念中的一个或几个,如此才能切实促进学生身心健康的全面发展。各种不同体育教学理念也可相互借鉴,汲取内容丰富的教育理念,对不足之处予以改正,或者用其他与体育教学实践更加贴近的体育教学理论和思想予以补充。

在当前体育教育教学发展进程中,"以人为本""健康第一""终身体育"都是先进的体育教学理念,对体育教学实践具有重要的指导和促进作用。在现代体育教育教学实践中,新的体育教学理念要求体育教学关注学生的发展、重视学生的体验,让学生在愉悦的体育教学氛围中积极主动地参与体育活动、进行体育学习。同时,新的体育教学理念还重视培养学生终身锻炼的习惯,使学生在体育锻炼中形成积极健康的生活方式,进而促进学生全面、长期发展。新教学理念中的"以人为本""健康第一""终身体育"是相互促进、相辅相成的,通过这些体育教学理念对体育教学实践的共同指导,能够真正实现体育教育对学生全面健康发展的促进作用。

新的时代背景下,要实现体育的多元教育功能,促进体育教育的科学发展,就必须综合实现"以人为本""健康第一""终身体育"的相互促进作用以及对体育教学实践的共同指导价值,以不断完善体育教学,通过体育活动实现人的可持续发展。

四、坚持科学体育观

(一)科学体育观基础

科学体育观是建立在科学理论基础之上的,它与体育科学体系之间是主导和基础的关系。一方面,体育科学体系是在科学体育观的主导下得以建立和发展的;另一方面,体育科学体系的建立和发展又丰富了科学体育观的内容,加强了科学体育观在体育实践中的科学主导作用。因此,为了更好地理解科学体育观,必须了解体育科学及其体系。体育是人的社会活动之一。体育的对象是人的身心和社会。在长期的体育运动实践中,在体育科学的探索中,人们逐渐认识到体育运动的科学基础主要有三个,即体育生物科学、体育人文社会科学、体育技术科学。

体育是一种人体活动,体育学科的体育生物科学是生物科学与体育运动结合的产物,我国学者多称之为"运动人体科学",其任务在于揭示体育与人、体育与社会之间内在的必然联系和一般规律。体育生物学科体系的构成十分丰富,它由众多的学科构成,主要有体育哲学、体育史、体育基本理论(体育概论,体育原理)、体育教育学、体育社会学、体育经济学、体育管理学、体育美学、体育心理学、体育法学、体育新闻学、体育文献学等。

体育人文社会科学对体育运动至关重要,其研究领域广泛,包括体育社会学、经济学、史学、哲学等。体育社会学研究体育与社会的互动,如赛事对城市的影响,体育经济学聚焦产业经济,体育史学梳理发展脉络,体育哲学探寻本质价值,体育伦理学规范行为准则。这些学科从不同角度保障体育运动在公平、健康的人文环境中发展,有力推动了体育运动在社会层面的进步与升华,使其内涵更加丰富深刻。

体育技术科学属于体育方法学与体育行为学范畴,是介于两者之间的应用学科群。其研究任务是揭示合理的运动技术与战术、运动训练、身体锻炼与人的身心及相关环境要素之间的内在联系和一般规律。体育技术科学内容丰富,主要包括运动专项理论与方法、运动训练理论与方法

（或竞技运动理论或运动训练学）、运动竞赛理论与方法（或运动竞赛学）、健身健美理论与方法等。

体育运动的有效性或者说其功能的有效发挥，从根本上说取决于人们的体育行为、体育实践是否符合体育自身发展的规律性和体育的科学原理。人们对体育运动科学原理和规律性的认识及其所形成的知识体系就是体育科学。

上述三个构成科学体育观的理论基础的学科相互联系、相互影响，共同影响科学体育观的建立，这三大学科群在马克思主义哲学（辩证唯物主义和历史唯物主义）的指引下，从不同的方面共同对体育运动发挥理论的指导作用，从而逐渐形成体育科学的一个较为完整的分层次的学科系列，并最终构成了体育科学体系。

（二）科学体育观的目标导向

科学体育观是引导体育工作者在体育实践或实际体育工作中理性行为的重要思想导向，它与体育的科学化进程以及科学的体育观密切相关。科学体育观的目标导向只能是体育的科学化，具体包括体育管理科学化、运动训练科学化以及全民健身科学化等方面。

体育管理科学化首要的是体育决策科学化。决策是管理的核心。体育决策是根据一定的客观条件，借助一定的方法，从若干备选的体育行动方案中选择最佳方案而进行分析、判断和抉择的过程。科学、正确的决策必然与决策者的自身素质，特别是与管理经验、科学文化水平和民主作风密切相关。但是重要决策，尤其是关乎全局利益的重大决策，除了需要决策者有较高的素质外，还必须经有关专家反复论证和大量相关科研课题研究成果的支撑。领导、专家相结合，一般科学原理的指导与选定课题研究相结合，乃是现代科学决策的必由之路。

从根本上说，体育管理科学化是要应用现代科学理论与方法以及管理的基本规律，以此来提高体育管理的效率和综合效益。现代科学有"软""硬"之分。在此，我们重点分析我国体育管理中的软科学部分。

所谓软科学，隶属于新兴的决策科学，是支撑民主和科学决策的知识体系,是自然科学、社会科学、工程技术、数学、哲学交叉融合而形成的具有高度综合性的学科群。软科学研究以解决社会发展中的决策、组织和管理问题,促进经济社会发展为目标,以辅助各级领导决策为根本目的,利用现代科学技术提供的方法(如系统方法、灰色理论方法和矩阵决策法等)和手段(如计算机、网络),采用定性分析和定量分析相结合的集成方法而进行的一种多学科、多层次的综合性研究活动。体育软科学研究是我国体育科技工作的重要组成部分,它以辅助各级体育部门科学决策、科学管理、推动体育事业发展为目的,其范围主要包括体育发展的战略研究、规划研究、政策研究、管理研究、体制改革研究、法治研究和重大项目的可行性论证等。

(三)运动训练科学化

运动训练科学化是现代体育的重要标志之一,也是现代体育科学化发展的重要内容之一,运动训练是否科学直接影响体育事业的整体发展。

随着我国对体育事业发展的不断重视,我国对体育发展的关注和投入越来越多,促进运动训练的科学化是当前我国发展体育事业、培养优秀体育人才的一个重要方面。在体育全球化快速发展的大背景下,世界竞技体育水平不断提高,国际的激烈竞争和现代科学技术的飞速发展使越来越多的人认识到,只有广泛地应用现代科技成果指导运动训练,才有可能获得理想的训练效果,才有可能在当代激烈的国际竞技中获得优胜。在这样的社会背景下,人们不再满足于传统的师徒相传的方法参与体育训练,而是转向对科学体育训练思想、体育训练理论的学习,并重视高新体育科学技术的应用,借助新的科学方法指导体育训练,有效地促进了我国竞技体育的科学化发展,也与世界范围内的运动训练科学化的总体发展趋势保持一致。

运动训练科学化内容广泛,包括科学选材、诊断、计划制订、训练活动组织、训练过程管理、训练恢复与营养补充、训练医务监督等诸多方面,要实现运动训练的科学化发展,必须做好以下两个方面的工作:①采用时代可能提供的先进思想和先进的科学技术、方法和手段,按照运动训练的一般规律和专项运动的特殊规律进行训练,以便更好地解决训练的共性问题。②从实际出发,针对运动员个体差异和影响其运动成绩提高的各种因素(包括身体的、心理的、技术的、战术的因素和其他客观因素),进行课题或科技攻关研究,并将科研成果及时、有效地应用到运动训练实践中去,以更好地解决训练的个性问题。上述两个方面的工作要充分结合起来,"两手都要抓,两手都要硬",只有这样,才能充分发挥科技在训练中的作用,才能不断提高运动训练的质量和水平。

(四)全民健身科学化

全民健身科学化是把全民健身活动纳入科学轨道的过程。这是群众体育在现代条件下的一个大发展,是现代体育的一个大趋势。在现代社会中,健康问题是全民健身科学化的根本问题。不但没有身体的缺陷和疾病,还要有完整的生理、心理状态和社会适应能力,这是一种科学的身心健康观,又是将人的健康视为多因素(体育锻炼、营养卫生、生活习惯、调整心态等)相互作用的综合健康观。

第一,加强全民健身科学理论研究。全民健身科学研究主要包括全民健身战略与奥运战略相互关系研究、科学健身基本理论与方法研究、国民体质监测与服务研究、全民健身器材的研制及场地管理研究等。全民健身研究不仅提高了全民健身服务中的科技含量,而且向社会推出时尚、新颖、受欢迎的健身产品和服务项目,从而提高了全民健身效果,有利于培养全民健身科技成果市场,促进全民健身产业化的进程。

第二,加强全民健身的科技队伍建设和科学研究。高素质的全民健身科学化队伍建设对提高全民健身科学化水平具有重要的推动作用。全民健身科技队伍主要指全民健身科技服务系统,包括国民体质监测服务系统和科学健身指导系统等。全民健身科技服务以社会化为方向,广泛动员,积极引导社会方面,大力开展全民健身科技服务,提高全民健身科技服务的社会化程度,建立全民健身的社会化管理和运行机制,保证全民健身社会化有序进行。

第三,制订符合客观实际的全民健身计划,保持全民健身的可操作性。在全面健身计划的制订方面要与我国的具体国情、民情相符合,并制定切实可行的有效措施,在实施计划的过程中加强监督,切实落实计划内容。

第四,重视科学健身知识和方法的宣传与推广普及。通过宣传充分调动人民群众参与体育健身的积极性和主动性,为人民群众参与体育健身活动创造一个良好的社会文化和舆论环境。在此基础上,加强对人民群众体育健康知识的普及,引导人们科学参与体育健身实践活动,引导人们进行健康、文明的体育活动。

第五,采用科学、合理的健身方式、方法或手段,提高全民健康水平。健身或锻炼方法成百上千,应因时、因地、因人而异,合理选择。

五、提高高校体育教师队伍的综合素质

在体育教学实践中,体育教师发挥着重要的主导作用,体育教学理念在体育教学实践中的贯彻实施需要体育教师去执行,提高高校体育教师队伍人员的综合素质有利于更好地在体育教学中发挥先进的体育教学理念的作用。新时期,要促进先进体育教学理念对体育教学实践的指导,提升体育教师素质,应注意做好以下工作。

第一,一名合格的体育教师应具备良好的体育文化素养,掌握丰富的体育文化知识、理论知识。教师要丰富自我文化素养,不仅要重视对体育学科知识与理论的学习,还要重视对体育相关学科知识的学习,以不断丰富自我知识结构。

第二,重视体育教师综合教学素质、体育素养的提高。通过培训、学术交流、参与体育文化活动等不断促进体育教师熟知信息科学,通过对如生命科学、环境科学、教育科学、传播学等知识的学习,掌握不同活动发展的规律,来为体育教学活动的开展提供理论指导。

第三,强化终身学习意识。体育教师要落实终身体育理念,自身先要具备体育学习与参与意识,并养成体育健身习惯。教师只有为人师表,做出表率,才能为学生积极参与体育健身锻炼树立良好的榜样。

第四,鼓励体育教师积极参与体育科研,体育教学实践活动的开展离不开具体理论的指导,体育教师提高科研能力,有利于更敏锐地在体育教学中发现问题、分析问题、解决问题,从而促进体育教学的不断完善。

第五,加强对体育教师的教学监控,督促教师不断完善自我,促进自我可持续发展。有必要通过客观的教学监督指导来促进体育教师对自我工作的不断改进与完善。

第四章　高校体育的教学方法

第一节　高校体育的教学方法及内容的关系

一、运动技术学习与体育教学方法主体化

高校体育教学不同于一般课堂教学,它需要有严谨的组织形式,主体的学习内容需要配合合理的教学手段,其立足点是运动技术教学。从这个角度讲,教学的计划性与非计划性、智力性与非智力性、显性与隐性的多元性都需要教学中有一个科学系统的"教"法和学生合理有效的"学"法,这个"教"与"学"的尺寸称为教学方法,所以教学方法决定了课程的主体。

高校学生在心理和生理上的成熟度远高于中小学生,他们思维敏捷,改革意识强烈,这在教学的各个层次均有所体现,体育课程更是如此。我们应该以创新、独特的运动观念引导他们掌握一两项符合自身心理、生理条件的运动项目,让其终身受益。同时,坚持以竞技运动项目为主体的教学内容,灵活采用合理有效的教学方法。竞技运动项目,如篮球、足球、排球(三人制、五人制、七人制等),经过时间的沉淀而流行起来,表明其具有强大的生命力,深受大学生喜爱。竞技项目激烈的对抗竞争意识、不屈不挠的斗志锤炼、默契的团队精神等特点与大学生的思维趋向极为契合,使得竞技运动项目更加适合体育教学的需要。教学方法的实施应以运动素质带动身体素质,从学生的学习兴趣入手,培养他们健康向上的思想品质,使他们的精神面貌得到升华。同时,使体育课程整体化、理想化,更符合教育规律,教学中的运动技术项目与必要的教学方法无疑成为课程的主体。

二、体育教学中内容与形式的相互关联

动作技术学习应根据大学生的生理特点灵活采用教学方法。教学方法的科学运用应以教懂、教会大学生为主要目的并贯穿整个教学过程。怎样才能有效调动学生的学习主动性,采用有效的教学方法是重中之重。体育作为一门教授技术动作的课程,其课程内容的选择不同于一般性的科学类课程。它与人类的文化发展、科学进步及自然科学有着密切的关系,同时运动技术与社会生活又有着不可分割的联系。在人的成长过程中,体育是教育不可缺少的一个组成部分,体育课是培养学生积极意志、健全人格、集体观念和团队精神的重要课堂,因此,体育课内容应该是健康向上的,是朝气蓬勃的,体育应是大学生喜爱的一门健康活泼、充满生气的室外课程。内容与形式的统一自然会产生事半功倍的效果。学生兴趣的产生恰好是主动上好体育课的基础,教学方法的科学性、合理性自然会激发学生学习运动技术的主动性和积极性,而教学内容与形式的统一又是学有所得的保证。

将教学目标作为一个整体来看,技术动作的教学是最关键的部分,其他目标都可在这一目标实现的基础上不同限度地实现。于是,体育教学方法与内容的关系便聚焦于技术动作的训练。

综上所述,运动技术如何教,如何向学生传授科学、系统、合理的技术结构和运动规则要求并使其正确掌握是体育教学的关键。

三、体育教学中"教"与"学"的互动及共存关系

运动技术怎样教,怎样才能被学生合理快捷地掌握既是体育教学中应该解决的基础问题,也是体育教学方法面对的现实问题。

改革体育教学法,实施开放式教学,将注入式教学改为启发式教学。体育教学过程中,应提倡教师的科学"教"法与学生的主动"学"法,立足终身体育和基础体育服务观念,着重提高学生健康素质与运动素质。因此,体育教学方法应该首先认清"教"与"学"的辩证关系,它们既对立又共存,

既矛盾又统一。从"教"与"学"的互动关系看,体育教学的关键不只是"教什么",应先是"为什么教",只有拥有清晰的教学理念,才能有的放矢地实施教学法。

四、与教学内容相契合的有效教学方法

是否有效运用教学方法是决定学生能否有效完成教学内容的学习,决定教学成败的关键。有效的教学方法首先必须能够激发学生学习教学内容的动机和积极性,最大限度地防止懈怠心理的产生;其次,还必须能够激发学生学习的自主性,引导学生主动完成学习任务,而且要把教学目标内化为自己的学习目标。综合各种学习理论,我们认为许多新的教学方法在体育教学中都是值得借鉴和引入的。

(一)支架式教学

支架式教学是建构主义的一种教学方法,它需事先把复杂的学习任务加以分解,以便学生能够深入理解教学内容。支架式教学的基本环节可分为五个方面,即进入情境、搭建支架、独立探索、协作学习和效果评价。

(二)合作学习

合作学习是一种适合集体教学、小组学习的教学方法。它同样包含五个方面:成员之间面对面的互动、良性的相互依赖、明确各成员的职责、传授合作技巧和实施成员监控。

(三)自由学习

自由学习要求学生积极参与决定学习的内容与授课的方式。教师指导学生达成契约,明确在一学期内所要做的工作的种类和数量,以及圆满完成这些工作所能得到的分数。这是一种能够充分发挥学生主观能动性的教学方法。教师应当积极探索适合训练动作技术的教学方法,但不能否认传统教学方法仍然有其合理之处。因而,在探索新方法的同时,也应重视对传统方法的研究与改进,新旧方法应该在比较中获得完善。

五、方法教学是教学方法的首要关注点

方法教学是动作技术教学的支架,是科学、系统、合理地传授技术结构和运动规则的基石,方法教学的重要性是由体育教学内容的特殊性所决定的。

那么,个体的学习内容即教学内容在这种情境中就至少具有以下三个特征。一是内容的整体性。如上所述,从小学到大学,教学内容应该有新的内容,根据学生发展的特点提出更高的要求。体育项目是丰富多样的,教学内容也不能一成不变,这是内容整体性的实现及其作为一个多样性的有机整体所提出的要求。二是内容的情境性。情境性的内容符合生态学的标准,有助于学生形成有效的迁移,增进学习效果;能使学生建立动作图式之间的广泛联系,建构运动技能的意义性,从而产生主观效能感,发挥主观能动性。三是动作技术的学习是一种程序性知识的学习,遵循产生式规则。所谓产生式,是由条件和动作组成的指令和规则。前后两项技能学习之间产生的重叠越多,越容易产生迁移。鉴于动作技术学习的以上特点,重视方法教学是极其必要的。方法教学的任务或目标:首先,应当教给学生大量的可供提取或选用的学习方法和技能;其次,应当使学生知道如何确定学习目标;最后,应当帮助学生储存有关学习及学习方法或策略的信息。

第二节　高校体育的教学方法及创新教育的探讨

高校体育课堂教学中的创新性探究是现代体育学科的特征,是时代发展的必然趋势,也是素质教育在高校体育教学中的具体体现。通过对高校体育课堂教学中的创新性探究,培养学生的创新精神,更重要的是培养学生的自主学习能力以及动手与动脑的结合能力。所以,它应成为这一时期体育教育的使命和共识。

一、创新教育的含义

创新教育是挖掘人的创新潜能,弘扬人的主体精神,促进人的个性和谐发展的教育。它的本质就是遵循人的创造活动规律和创造素质的培养规律,以培养创新人才为宗旨。因为创新教育是指以培养创造性人才为培养目标的教育,所以创新教育是一种意义深远的教学思想。创新教育思想是时代发展的产物,是知识经济时代对教育提出的必然要求。

二、新的体育教育思想指引体育教学方法的变革方向

体育教学方法的确立和发展源于教学思想,一定的教学方法是一定的教学思想在教学活动中的具体反映。在教学过程中,以不同的教学思想作指导,教学方法所表现出来的效能和作用便会截然不同,贯彻不同的教学思想,会产生不同的教学效果。社会的发展也在影响着体育教学思想本身不断地变化与更新,这种变化与更新又直接影响着教学方法的不断改革与发展,推动了教学方法的整体向前发展。

三、高校体育教学方法创新探讨

(一)构建有效的教学模式

进行高校体育教学方法创新,需要有先进的理论思想指导和教学实践,这样才能少走弯路。要改变高校教学方法创新理论,需重视现代科学方法和心理教学研究,了解大学生的具体情况,明白原因,如此方能在体育教学中进行创新。体育教学研究日益受到重视,尤其是在提倡素质教育之际,体育教学得到了广泛关注。高校创新教育是高等教育的一种全新模式。高校的创新教育是在中学阶段已进行的创新方法和技术训练的基础上,为培养创新人才搭建的平台,着重培养大学生的创新精神和创造能力。要贯彻高校体育教学方法创新的先进理论,必须对创新教育、创新方法有所了解。经过多年的研究和发展,创新教育在教育管理制度、教育

方法等方面形成了一系列有效的理论和措施。

(二)引进创新型体育教师

体育教学方法的创新是高校体育教学创新的关键,这就需要培养和造就一批高素质的创新型体育教师。培养创新型体育教师的途径多种多样,可以通过在校的教育培养,也可以通过专业的渠道对体育教师进行专业的培养训练。同时要加强体育教师师范教育专业的学习,充分发挥教育培养创新型教师渠道的作用,高校要立足现实着眼于长远,进一步优化体育教学机制,改善体育专业和学科教学的设置。

创新教育的开展离不开现实中的实践,一切创新型人才的出现同样离不开实践,只有通过实践才能找到根源、实现真正创新,从不足中找到原因并对症下药。我们常说理论创新、体制创新、科技创新等都是为了适应实践的需要。体育教学方法的创新也不例外,通过实践,体育教师才能做到理论联系实际,结合实际情况在教学中探索创新,提高自身的创新意识。同时带动身边的教师和学生,将理论知识应用于实践,在实践中创新、不断探索进步,把创新建立在实践基础之上。如今国际交流频繁,在交流中学习先进的体育教育理念、体育教学模式是强化创新型教学理念的关键,对培养创新型教师也有着十分重要的作用。体育教学在教学上有两个观念:"教"和"学"。要树立学生是体育教学主体的观念,"教"要求体育教师要有较高的专业文化知识水平,能够详细为学生解答专业课程并讲清楚其知识框架。同时要重视对学生独立自主学习能力和创新精神的培养。在高校中树立高等体育教育与终身体育教育的教学观念,充分认识现代体育教育的思想观念,不断创新和深化体育教学。

新的体育教学理念和思想不断涌现,这要求教育者站在时代前沿,走在发展前头,探索和改革新的体育教学模式与思路,打造高校体育教学先锋,推动我国高校体育教学新风尚,在探索中发展进步,争创先进优秀高校,引领新一代体育改革与时尚。

第三节　高校体育教学中分层教学法的应用

在我国高校体育课程教学中,相关人员不断探究和尝试运用多种创新型的教学方法和模式来达到提高体育教学效率的目的。近几年,高校体育教学工作者不断尝试多种新型教学方法,在这些方法中,分层教学法拥有着独特的优势,得到了广泛应用。由于学生在身体素质、兴趣爱好以及个性特点等方面都存在着较大差异,所以必须针对每位学生的特点,积极采取分层教学法来提升体育教学效率。

一、分层教学法的概述

(一)分层教学法的内涵

分层教学法是一种新流入我国的创新型教学方法,其应用过程首先是分析学生不同的接受能力、潜力以及知识水平等因素,据此将学生分成不同的小组。虽然每个小组整体的水平不一样,但是在同一个小组内,学生的水平比较接近,这样学生可以相互帮助,得到共同进步。将分层教学法应用到高校体育教学之中,根据每位学生的运动水平和身体素质等因素,将学生分成不同的小组,每个教学小组的教学目标不尽相同,这样能够真正达到因材施教的目标。不仅如此,通过分组学习还可以有效地增强学生的团队合作意识和责任感。最后,由体育教师采取不同的方法对不同组的学生进行评价,以便对其进行更好的体育教学。

(二)分层教学法的本质

众所周知,分层教学法的引入能够有效弥补传统教学手段的缺点,因此,将分层教学模式应用到高校日常体育教学中显得十分重要。人们在日常的体育学习过程中,由于每个人的先天性差异以及受后天环境影响,不同学生的体育素质难免存在明显的差别。而分层教学模式主要就是结合学生的个体差异所实施的一种新的教学模式,它针对学生的个体差异性,来制订科学有效的教学计划,从而达到深入挖掘学生体育潜能的目的。

二、在高校体育教学中应用分层教学法的重要性

(一)将分层教学法应用到高校体育教学中,可以更好地因材施教

每个学生由于成长、学习环境的不同,导致个体差异很大,每个人的品性、习惯各不相同,这些差异是影响学生体育课表现的主要因素。分层教学法关注的不只是学生的成绩,它还注重在尊重学生差异性的基础上,充分发挥学生的自主性,同时促进因材施教的有效实施。

(二)分层教学法的应用可以提高教学质量与效率

将分层教学法应用于高校体育教学活动中,体育教师可根据学生的不同层次和水平制订不同的教学计划,组织不同的教学内容。这样才能保证每个学生通过自身努力获得相应的进步。如此一来,学生能够在实践中不断丰富经验,激发体育学习的积极性。除此之外,每个学生在学习过程中都会遇到不同的问题,体育教师采用分层教学法可以很好地了解每个学生的不同问题,进而有针对性地加以解决。这样不但能够缩短问题处理的时间,还能提高问题处理的效率,让学生可以将更多的时间运用到其他学科的学习中去。

(三)分层教学法的应用可以提高体育任课教师的专业水平

分层教学法与传统教学法相比,对体育任课教师的要求比以往高很多。在高校体育教学活动中运用分层教学法时,体育教师必须全面了解并详细掌握学生的实际情况,然后对学生进行分层,为不同层次的学生制定不同的教学方案和教学内容,这样才能够高效完成教学任务,实现教学目标。与此同时,体育教师还必须积极研究体育教学过程中可能出现的所有问题,并制定好解决措施。经过不断实践,可以有效提高体育教师的个人能力以及教学水平,对提升其专业能力有很大的积极作用。要保证

教学工作顺利进行,学校必须提高对任课教师的相关要求,加大对教师的培训力度,提升体育教师的综合能力,打造一支高素质的教师队伍,为高校体育教学工作的顺利开展提供有力保障。

三、分层教学法的具体实施策略

(一)基于当前大学生的实际情况,进行分层教学的设计

在对学生实施分层教学前,须对教学内容进行科学合理的设计。实施分层教学应充分考虑学生的实际情况及课堂运动项目特点,有针对性地在课堂教学中实施。只有如此,才能有效调动学生学习的积极性,真正达到培养学生终身体育意识的目的。具体到分层教学设计实践中,须与过去传统的个别教学或分组教学区别开,将技术水平接近的一批学生安排在同一层次小组。在分层设计之前最好是能对所有学生进行身体素质、学习态度及专项素质等方面的测试。其中身体素质测试主要测试学生速度素质或力量素质,如 50 米跑等。专项素质测试可通过特定项目测试,或查阅学生电子档案了解其在进入大学前是否掌握体育专项技术。大学生学习态度测试主要在体育课上完成,主要途径为仔细观察和耐心谈话。体育教师根据测试结果,按照一定标准将所有学生进行分层。通常可以将学生分为三个层次:将身体素质较弱、很少主动进行体育锻炼,但对体育学习态度认真、对体育课有一定兴趣的学生划分为第一个层次;其次,将身体素质较好、非常喜欢上体育课但未掌握一项专项运动技术的学生划分为第二层;再者,将身体素质较好、对体育课有浓厚兴趣、能掌握一项或多项特长且能密切配合体育教师课堂教学的学生划分为第三层。在教学前就对学生进行分层,可以有效避免伤害学生自尊心和自信心,还可以有效避免重复教学。

(二)科学制定层次化的高校体育教学目标

高校体育教学目标是要将在校大学生培养成具有健康体育意识的人才,使学生既能慢慢积累体育知识,又能时刻注意自身体能素质的提高。

基于此教育目标,在对学生完成分层后,就需根据不同层次学生的知识结构和学习特点合理制定层次化教学目标。在共同的体育教学目标下要体现出不同层次学生教育目标的差异性,这样可以让不同层次的学生都能实现学习目标,体会到成功的乐趣。

(三)分层设计高校体育教学内容

根据不同的标准和要求对全体学生进行分层之后,我们要承认各个层次学生的起点是不同的,所以在安排教学内容的时候就要有所区别,需要在确保全体学生整体体育技能提高的前提下体现出一定的差异性。具体来说,对于第三层次的学生可以不必严格按照教材的要求进行授课,可以采用比赛或竞赛的形式授课来帮助他们不断提高自身的技能水平,对于第一层次,甚至第二层次学生的教学内容安排就最好是以教材大纲为准。这样一来,一方面照顾到了体能素质弱的一类学生对基础知识的掌握,另外一方面也照顾到了体能素质较好的一类学生体育技能的进一步提高和体育潜力的进一步开发。

(四)尊重学生之间存在的差异

根据分层结果采用不同的教学方法,从而发挥每个学生的主体作用。不同学生之间存在差异是客观事实,教师必须承认这一点。对于不同层次学生的教学,教师必须选择适合本层次学生实际情况的教学方法,这样可以很好地培养学生的自信心,培养学生的创造精神、健康的竞争意识及交往能力。但是,不管采用何种教学方法,都必须充分发挥每个学生在课堂教学中的主体作用,让学生都能参与实际的课堂教学,体验到成功的快乐,这样可以充分发挥学生学习的积极性、创造性及主动性。

(五)开展分层考核评价,培养大学生对体育学习的热情

在为不同层次的学生安排不同教学内容、设计不同教学目标、实施不同教学方法后,就面临着如何对学生的学习成绩进行考核评价的问题。对于大学生体育成绩的考核评价也必须采用相应的分层考核评价模式,为不同层次的学生准备不同的考核内容,制定不同的考核标准和要求。比如,对低层级学生重点考核基础知识的掌握情况,而对高层级学生则必须提高考核标准,重点考核其技能的掌握情况及创新性。这样的评价考

核能够照顾到每个层次学生的学习实际,学生也不会因为考核不达标而受到打击,从而能够很好地培养学生对体育学习的热情。

第四节　高校体育教学中体验式教学法的应用

在高校,体育是教学的重要组成部分,随着教学改革的深入开展,体验式教学模式作为重要的教学方法被引入体育教学课堂,大大提高了教学效果。

一、体验式学习的含义

所谓体验式学习就是让学生亲身参与其中,感受体育运动带来的乐趣,在体验过程中,学生能够通过对周围事物的观察、了解,真正地融入其中。教师在体验式学习中起着引导的作用,通过各种方式引导学生做好课前体验学习,从而激发学生参与体育运动的热情。

体验式学习主要有三个方面的特点,第一,体验式学习强调学生学习的自主能动性,教师在体验式教学中起着引导性作用,通过这种方式能够让学生从内心感受体育运动的乐趣,自愿学习体育知识;第二,体验式学习具有娱乐性特点,将学习和娱乐融为一体,将兴趣作为引导学生参与体育运动的基础。在教学过程中,教师会根据体育教学特点,通过有效的教学模式来激发学生的学习兴趣,用兴趣引导学生参与体育学习;第三,体验式学习更注重学生的心理活动,通过教学活动引导学生做好心理准备,在教学过程中也会关注学生心理的变化,这种方式有利于培养学生积极乐观的心态。

二、高校体育教学中体验式教学应用的意义

(一)体验式教学激发学生进行体育锻炼的兴趣

培养兴趣是提升学习效果最好的途径,在传统的体育教育模式中,学生都是按照学校安排的课程去完成学习项目,学生按照学校的要求完成固定的体育课程学习任务,高校体育教学中虽然可以根据自己的意愿去

选择体育课程,但是有很多体育项目都是学生在步入大学之前就已经学习过的,导致学习兴趣降低,体验式教学更多的是让学生真正地参与体育知识的学习,参加一些户外运动。例如开展攀岩、野外生存训练等户外活动项目。户外体育活动项目在我国高校中还没有得到普及,参加过体验式活动的学生数量有限,因此,学生会觉得体验式教学比较新奇,容易引发学生学习的兴趣。长期以来,学生一直在固定的室内和体育场学习体育项目,相比之下,他们更喜欢尝试户外体验式学习,更愿意去追寻户外体验式体育教育带来的刺激和真实的体验感受,将体验式教学模式引入高校体育教育中,能在很大限度上提高学习兴趣,并帮助学生获得良好的学习效果。

(二)体验式教学扩展了高校体育的教学模式

我国大多数高校开展的体育运动项目基本上以球类和田径类教育为主,其授课方式也是固定的,教师对学生讲解相关体育安全知识和运动基本规则,在学生进行体育锻炼时发现问题,教师针对学生发现的问题进行讲解并给予指导,学生按照教师设定的考试要求学习固定的体育内容,期末完成相关的体育考试。一成不变的体育教学模式不利于体育教育的发展,体验式教学模式作为一种新兴的教学模式,对我国高校的体育教育发展有着巨大的影响力。体验式教学模式还需要经过体育教师和学生的实践和完善,在探索的过程中能够在很大限度上提升体育教育的教学效率,提升体育教学的整体水平。体验式教学在提升教学水平的同时也拓宽了体育教学的思路,教师在组织学生参加实践活动的过程中完成教学,学生在实践中学习相关体育知识,从教学的形式上来讲,体验式教学模式丰富了体育教育的教学方式,拓宽了体育教育的发展道路。

(三)体验式教学有助于培养学生的精神品格,促进学生心理健康成长

第一,体验式教学模式扩大了学习范围,深入学生实践的全过程,拓展了教育领域。第二,体验式教学模式强调学生的主体参与性,突出学生在教学中的主体地位,让学生在实践中对知识进行探索,以此培养学生的批判精神和探索精神。学生直接参与学习探索所带来的感受是传统灌输

式教学模式无法比拟的,学生对于通过亲身实践所学到的知识记忆更加深刻。第三,体验式教学模式能够营造愉快轻松的学习氛围,调动学生的学习积极性,让学生自主积极地参与学习的全过程。第四,体验式教学模式能够冲破传统教学模式的束缚,在不违背教学原则的前提下最大限度地发挥学生的自主性,让学生在完成学习目标的同时也为丰富课外活动创造机会。在丰富的课外活动中进行交流,能够使学生的自我价值得到最大限度的体现,促进学生正确世界观的完善。在体验式教学模式的教学过程中,学生会遇到各种困难,而此时学生的毅力和克服困难的精神能够得到锻炼,有利于帮助学生形成良好的品格。体验式教学为学生与外界接触和增进同学之间的相互交流创造了许多条件,在与外界接触和同学之间相互交流的过程中,能够帮助学生认识世界,从而促进学生的身心健康发展。

三、体验式学习在高校体育教学中的具体运用

(一)制定科学的学习目标,注重培养学生的独立意识

体验式培训教学并非绝对的"放飞自我",而是让学生在户外活动中感受体育精神、掌握体育技能。这要求教师除了拥有过硬的知识储备外,还应掌握策划活动并将需教授的知识巧妙融入其中的能力,让学生在活动中思考、提问、参与、学习和成长。要做到这一点,教师应明确自己每一阶段、每一个课程的教学目标,并做出合理规划。例如当讲授野外生存相关课程时,教师可以先让学生在课堂上发言,阐述他们能想到的注意事项,将他们的想法分类整理,然后做好去野外尝试的准备。在这一过程中,教师起到的就是引导者的作用,发挥学生的自主意识。在实际的野外生存过程中,学生的准备如果有纰漏,教师可以进行弥补,并在休息时适时进行总结和详解相关知识以加深印象;如果学生通过自己的准备顺利完成了任务,在最后总结时应表示赞赏并着重表扬表现突出的学生。体验式培训理念的最终目标是培养学生解决问题的能力,这是它与传统教育的重要区别。因此,教师在传授课程前,不妨先向学生提出课程相关的问题,并由学生自行查阅资料,研究解决的办法,这一过程中的教师的作

用被隐藏,学生自主学习能力被有效释放和培养。在实际教学中,教师则需要对学生依旧无法理解的知识进行简单阐释,并让其在接下来的体验活动中实践应用,解决活动中遇到的问题,这样既能加深学生对知识的认识,又能大大提高学生学以致用的能力,从而帮助学生真正掌握知识。

(二)开展体验式体育教学,让学生在体验中提高技能

在体育教学活动中,体验式学习包括精神层面和身体层面。要提高学生对体育运动的兴趣,需要在理论学习中运用体验式学习的情境模式开展体育教学活动。情境学习主要是在教学过程中创设学习情境模式。例如可以利用多媒体开展情境教学,教师在教学前播放相关视频。如在篮球技能教学中,教师可播放美国职业篮球联赛的比赛视频,让学生观察明星球员在比赛中使用的技能,然后让学生亲身体验,教师再对动作进行指导,让学生有所感、有所悟、有所得,提升学生的心灵感触。将体验式学习贯彻到体育运动中,需开展多样化的体育项目,让学生在体验中提高技能,感受乐趣。因此,在体验式教学活动中,教师要注意体育项目的多元化,不断创新体育项目,例如在传统体育运动中,乒乓球运动大多讲究技术,教师通过竞赛来提高学生的技能,这样学生的压力就会比较大,此时教师可设置新型乒乓球运动,让学生十人一组开展乒乓球接力赛,十人排成一队,从第一个人开始向后传球,每个人的乒乓球需通过乒乓球拍弹够十下才能传递给下一个人,看哪个小组最先完成任务。这个过程不仅能够锻炼学生的平衡能力、运球能力,还能锻炼他们的团队协作能力,从而提高学生参与的积极性,让学生在体验中感受运动带来的乐趣。

(三)创设体育情境,引导学生对学习进行反思

体验式教学作为一种新型的教学模式,其主要特点是注重学生的参与性与师生之间的互动性,高校采用体验式教学模式进行体育教学时,要使用多元化的教学方式,调动学生学习的积极性,使学生对体验式教学模式有一个全新的认识。在体育教学过程中,让学生体验是一个非常重要的教学方法,通过具体的情境设定,让学生进入体育教学的特定情境,获得一种身临其境的真实体验,调动学生学习的积极性,从而使体验式教学发挥最大的教育价值。体验式教学强调学生在教学中的主体性和参与体

育活动的积极性,教师只是作为引导学生参加体育活动的向导,重点任务在于引导学生参与体育活动,调动学生的积极性。无论什么形式的教学方式,最终目的都是帮助学生理解和掌握知识。体验式教学模式是通过教师的讲解让学生对知识有了进一步的认识后,再深入实践中,在实践中思考,在实践中对学习的意义进行反思,通过反思加深知识的记忆,提升学习效果。体验式教学模式实际上是让学生对已经亲身体验过的事物产生连续的思考,在思考的过程中将各个问题联系到一起,最后运用思维对所有感受过的事物再进行反思,在特定的情境中,将所有的事物进行记忆。在学生进行反思的过程中,是离不开教师引导的,由于学生的知识储备和经验有限,所以教师应该在合适的时机给予适当的引导,从而激发学生的创造性思维。

(四)优化体育教育资源,创造良好的体育体验式教学条件

体育教育资源是开展体育课教学的基础保障。合理的课程安排、优良的教学场地、充足的体育器械以及专业的体育教育工作者是体育体验式教学开展的基础条件。首先要有足够的体育课时,合理安排班级课程表,保证学生锻炼时间和上课班级数量,避免同一时段上课班级过多而影响教学效果。其次要有良好安全的教学场地以及充足的教学器材,这样才能吸引学生主动参与,才能保证学生的练习量和熟练程度;最后是专业的体育教师,只有熟练掌握各项体育技能及教学方法、懂得安全保护的专业体育工作者,才能吸引学生主动参与,帮助学生形成良好的体育态度,养成良好的体育习惯,为学生树立终身体育意识奠定良好的基础。

此外,还应该转变体育教育工作者的地位。在教育范畴内,学校体育教育的发展应定位为"以体育人",将体育与教育相统一,充分认识体育的教育功能,将体育教育作为学校教育体系的重点工作,提高体育教育工作者的地位,合理安排其工作任务,公平分配待遇及评优评先名额,在职称评定考核中也能做到公平对待。从而促使体育教育工作者积极投入体育教学工作中,提高工作热情,认真努力做好体育教学工作,将体育教育的意义和价值负责任地传达给学生,为学生的体育态度和终身体育意识奠定基础,为民族未来奠定希望。

总之,体验式教学以生为本,重在通过调动学生的积极性,不断提高学生的学习能力,从体验式教学方法在体育教学课堂应用的效果分析,体验式教学方法非常适用于高校体育教学,为此,相关教师在分析与实践过程中,应该进行尝试,以不断提高高校体育教学质量。

第五节　高校体育教学中互动式教学法的应用

互动式教学法是指在高校体育教学过程中,教师依据学生的体育兴趣、体育基础能力水平以及学生潜能等因素,有目的地与学生按照某一因素或综合因素进行互动。通过互动,教师能够对不同的学生更好地实施教学内容和教学方法,每个学生在与教师、同学互动的过程中,实现体育学习效果的最大限度提升和掌握。互动教学是加强师生交流的平台,运用这一方法能有效提升学生的学习效率。因此,体育教师要加强互动教学法的研究,为更好地实现大学生的综合素质提升创造良好的条件。

一、互动式教学的内涵

互动式教学是通过营造多边互动的教学环境,在教学双方有效平等交流与探讨的过程中,实现不同观点的有机碰撞与相互交融,进而激发双方的主动性和探索性,提高教学效果。同时,互动式教学有利于构建新型师生关系,在教学中注重突出学生的主体地位,是一种充分体现"以人为本"、具有创新理念的教学方法。互动式教学是当前教育民主化在教学方法改革方面的重要体现,在此教学情境中,师生双方以不同的身份,遵循双方共同接受、认可的规则与规范。在这些规则与规范的影响与导向下,师生双方在教学中进行物质与精神的交换和传导活动。在此过程中传导包括物质与非物质、言语与非言语、理解与解释、领悟与说明等方面的内容。具体而言,即师生双方在教学活动中共同构建的教与学的情境。教与学是教学体系的基本构成因素,其相互关系既是教学的本质问题,也是教学领域起主导作用的理论问题。正确处理两者之间的关系是推进教学发展、提高教学效果的重要保障。互动式教学将教学的本质确定为交往，而交往的实施要建立在师生之间相互尊重、平等和谐的基础上。

二、互动式体育教学的基本特征

(一)互动过程遵循秩序化原则

在教学过程中，互动的实质是师生之间、生生之间在情感、行为、思想以及个性特征等诸多方面的碰撞、融合、互补、创新、发展的过程，是建立在民主平等基础上的交流、合作、竞争以及对成功的共同体验与共享。因此，这种互动要遵循循序渐进的发展规律，并在此规律的规范与引导下，有节奏、分层次地进行。

(二)互动空间具有开放性

体育教学自身具有开放性的特征，而互动式教学是一种开放式的教学方法，有效地打破了传统教学模式的束缚。从教学理念、教学方法、教学的组织形式以及教学内容的选择等方面，向着自主、开放的方向发展，整个教学过程呈现出动态的开放性。首先表现为学生根据自身发展的需求进行自主择师、自由选项；其次，在教学过程中，学生自主组建学习小组，以利于彼此间的交流以及研讨；再次，在教学过程中，教师处于引导与辅助的地位，更有利于对学生学习动态的掌握，便于给予及时的指导与调控；最后，在教学过程中，鼓励与支持学生个性的张扬与发展，为学生的成长提供更为广阔的发展空间。

(三)灵活多变的教学组织形式

互动式教学最为基本的教学形式是组建学习小组，进行有目的的研究探讨。在此过程中，教师根据教学内容的需求，创设教学情境，开展形式多样的情境模拟、体验交流、认知讨论等活动，从而促进学生更为深入、透彻地理解和掌握教学内容。另外，互动式教学还可以采取组间竞技、个性化意见交流、团队合作等教学形式来培养和提高学生的表述、沟通、交流能力以及团体合作能力等，进而强化学生对体育教学内涵的感悟以及对自身发展的追求。

三、高校体育教学互动式教学法的意义

(一)互动式教学法有利于教师更好地了解学生

在高校体育教学实施的过程中,采用互动教学更符合学生身心发展过程中存在的个别差异,能够让体育教师充分尊重、了解学生的体育兴趣和现有体育基础水平的差异。互动式教学法是通过教师对学生的体育兴趣、体育需求进行调查和访谈,遵循"健康第一"的指导思想来实施体育教学,根据不同学生的特点来寻找体育教学与学生发展的契合点,从而以主动、和谐的师生关系来保障体育教学目标的实现,促进学生综合能力的发展。

(二)互动式教学法能够更好地实现全体学生的发展

互动式教学作为提升体育教学效率的途径,对学生的综合素质发展有着重要的现实意义。在高校体育教学过程中,教师根据民主、和谐体育课堂构建的原则,从学生的实际状况出发,对学生进行横向和纵向的了解,在面向多数的前提下同时考虑到少数,并处理好个别教学与集体教学的关系,对不同的学生提出不同的要求,以实现全体学生身心素质的发展,为高校体育教学目标和高等教育培养目标的达成构建良好的课堂教学环境和师生交流的空间。

(三)互动式教学法的使用更好地体现素质教育理念

在高等教育体育教学实施过程中,体育教师确定教学目标时,首先要建立良好的师生关系,而良好的师生关系的确立需要加强互动,也就是从适应学生"学"的角度进行教学,这样就能充分调动发挥学生的主体作用,激励他们主动学习,达到教学成功的目的。高校体育教学中的互动式教学是素质教育理念在体育教学中的体现,高校体育教学的互动内容包括:教师与学生这一主导者和主体的互动,学生与学生的互动、师生与教学内容、教学环境设施的互动等。从系统观点来看,建立良好的互动教学模式

是实现素质教育理念的基础。

四、高校体育教学中互动式教学法的应用策略

(一)做好学生体育需求等内容的调研

在高校体育教学工作开展之前,体育教师首先要对全班学生的体育兴趣等情况进行调查。一般通过体育课堂表现、信息反馈及访谈等方法,对学生之间的体育差异进行调查了解。还要对学生家庭环境、心理、智能及在校表现等情况进行详细了解。然后针对每个学生的数据资料分别进行分类归档和综合分析。根据分析结果将学生划分为中下、中上两个层次的学习小组,同时让大家对每个学生所处层次做到心中有数。在互动式教学过程中,学生之间的个性差异较大,因此教师必须充分发挥自身的主导作用,通过了解学生的能力、知识基础及心理特征,有针对性地开展教学工作。教师的教学安排要根据学生信息的反馈,对不同对象加以区别,及时进行灵活调控,从而使所有学生都能得到帮助,在原有基础上取得发展进步。互动式教学法的基础是了解学生的各种需求,为其实施提供必要的条件。

(二)以教学目标的设置为依据开展互动式教学

随着体育教学改革的实施,在高校体育教学中应以学生发展为理念,设置不同的教学目标。在素质教育理念和体育健康课程实施标准的指引下,分析体育教材知识结构和学生体育能力,制定科学的体育教学目标。教学目标的设定应因人而异,对于体育基础和身体素质属于中下层次的学生应采用由浅入深、先慢后快、密台阶、低起点、循序渐进的方法,且要在体育学习内容训练总目标的基础上设定。根据实际情况的不同,可分一步或多步实现考纲要求;对于处于中上层次水平的学生,可允许他们超进度学习。互动式教学是体育教学目标设置的体现和促成。

(三)尊重学生的学习需求和体育能力

学生作为能动的个体,在划分教学目标时,除教师指导外,还应让学

生对自身水平进行自主分析,让学生自己选择层次,充分尊重学生意愿,同时注意保护学习有困难的学生的自尊,防止学习优秀的学生出现自大心理。层次划分后并非固定不变,明显进步后层次可向上提升,若有学生出现退步情况,教师应先对其进行鼓励提醒,若实在跟不上则降低层次。教师通过创设问题情境,让学生独立对未知方法、定理、规律等进行探索和发现。问题情境设定要能激发学生追求成功的欲望,引导他们独立、主动思考。体育教师在上体育课之前,要从教学方法、内容、步骤、要求、时间及实验等方面备课,且要结合各层次学生的实际情况进行授课。在课堂教学中必须改变授课形式,同一节课中既要有面向全体的"整合"环节,也要有针对学习困难学生和学习优秀学生的"分层"环节。将正常教学程序的预习、巩固、质疑、新授、辅导、小结自然融进教学指导工作,妥善解决各层次之间的教学矛盾,对学生因材施教。

(四)强调体育教学方法的创新

学生练习须分课外、课内两种类型。对于课内练习,教师需设置不同的练习目标,可将全班学生分成不同水平的练习小组,教师进行巡回指导和帮助。对于练习中出现超出或跟不上练习要求的情况,教师要做好调整,避免因练习枯燥而影响学生进行体育学习的兴趣。在教学评价运用过程中,教师要将小组学生练习的整体状况与个人练习状况相结合进行评价。要多使用鼓励性和表扬性的语言对学生的体育学习情况做出评价。通过分组练习促进学生自信心的提升,实现学生兴趣与能力的双重提升。

(五)优化体育教学环境

在高校体育教学实施过程中,体育教学环境是实现体育教学目标、促进学生身心发展的基础条件。体育教学环境包括自然环境、社会环境、物质环境等。优化体育教学环境,可通过改善自然环境、制定健全的教学制度、创建安全的场地等方式。良好的体育教学环境能够激发学生的体育兴趣,提升大学生身心发展的有效性。

通过上述研究,大学生作为高校体育教学实施的主体,在互动式教学法实施过程中,体育教师需从学生的体育兴趣等实际出发,面向学生之间的差异,以教学目标的达成为原则,在构建良好教学环境的前提下,不断培养学生的学习兴趣及自觉进取心。互动式教学法的实施是高校体育课堂师生和谐交往的过程。学校和体育教师要从学生发展、环境优化、民主实施、科学评价等角度出发,提升学校体育教学的互动水平,提高高校人才培养的质量。

第六节 高校体育教学方法创新策略研究

体育运动是增强人的体质的重要途径,在我国学习强度较高的状况下,学生体质相对较低。很多学生因学习压力大、时间紧,几乎没时间参加体育锻炼。这导致了学习阶段的学生身体状况不佳,且意志不坚强,这对我国社会文明建设有阻碍作用。在常规体育教学中,学生参与度低,主要是因为教学方法不当。在这样的背景下,我国教育领域提出了体育课程改革的决策。

一、体育课程改革背景下创新高校体育教学的意义

要进行体育课程改革,传统的体育教学应适当做出改变。这是由于体育改革中淡化了竞技运动陈旧的教学模式,树立了健康第一的教学指导思想,重视体育课程教学的功能开发,进而增强体育课程的综合性。在新型的体育课程当中能激发学生的运动兴趣,辅助学生树立终身体育的观念。不同的体育课程和锻炼项目能培养学生坚强的意志,通过这样的方式能提高学生的社会适应与交往能力。这是由于团队竞争形式的运动项目能提升学生团结协作的意识,同时在竞争的环境下能提升学生的忧患意识。体育课程改革后,注重以人为本,同时关注个体差异与不同需求,确保每一个学生在此过程中收到正能量信息,这对学生的成长与发展都具有重要意义。此外,改革的标准注重体育课程资源的开发,这对丰富体育课程的形式起到了积极作用,对体育教育的创新有益无害。

二、体育课程改革背景下创新高校体育教学方法的途径探析

(一)丰富体育教学形式

在体育教育教学改革的背景下,应注重体育教学形式的创新,激发学生参与体育课程的积极性。例如在热身环节,教师可以将音乐融入其中,通过音乐节奏的刺激,消除热身带来的疲劳感。同时,在伸展运动环节中,教师可以播放一些舒缓的音乐,让学生在美好音乐的渲染下放松身心,减轻热身带来的生理和心理疲劳,以便更容易接受后续知识。此外,教师不仅要将适合在室内开展的运动项目融入教学中,还应增加室外运动,如户外攀岩等体育运动。这样能让学生在视野开阔的环境中运动,此类运动能够增强学生的体力,锻炼其坚强的意志,更能激发学生的兴趣,对学生未来养成长期运动的良好习惯具有重要意义。

(二)加快高校体育教师队伍的建设

教师是体育教学开展的主导者。与其他文化课程不同,体育课程的开展需要教师的充分指导,以保障学生在相对安全的环境下学习知识。无论是从增强体育课程教学效果还是创新体育课程教学形式的角度,高校体育教师队伍建设都不容置疑。在实际操作中,学校可以聘用优秀省级或者国家级的教练员做全职(或兼职)体育教师,这样既能指导学生按标准方式运动,又能凭借其经验为学生提供多种有效的学习方式。另外,可在本校培养在职体育教师,注重提升体育教师队伍质量与数量,为学生提供优质的体育教学服务。固有体育教师培训方式和流程为:理论学习—实践课程演练—借鉴学习。在理论学习过程中,学校要聘请优秀和权威的体育教学人员,详细讲解不同体育运动项目的侧重点,然后教师针对各种运动项目创新教学方式,通过相互评价和学习不断完善新型体育教学方式方法。

(三)制定规范化的体育运动安全防护体系

为增加学生运动体验次数和安全系数,需规范运动安全管理内容。

通过细致管理不同环境下运动安全管理机制，保障学生在安全有序的环境中运动。之后，要细化高校各项体育运动项目的安全防范措施。针对不同运动类型应制定配套的应急措施，教师在开展新型体育运动前进行演练，以保障学生的生命安全。第一，应聘请专业的项目运动员和教练员讲解安全防范知识，让学生和教师明确体育运动安全防范要点，保障学生在突发状况下能实施自救。第二，应组织应急救援小组，在高校开展新型体育运动之前，应急小组应时刻准备开展安全救助工作。此外，学校还应准备充足的安全器材与紧急救助药箱，以备不时之需。

第五章　高校体育教育管理

第一节　高校体育教育的本质

一、高校体育教育在素质教育中的作用

(一)素质教育

21 世纪以来,我国人才培养和发展模式发生了重大变化,新世纪对人才素质也提出了更高的要求。学校教育不仅要抓好智育,更要重视德育,还要加强美育、体育、劳动技术教育和社会实践,使各方面教育相互渗透、协调发展,促进学生的全面发展和健康成长,并且强调了素质教育应该着眼于社会及受教育者发展的需要,以全面提高全体学生的基本素质为根本目的,在要求学生掌握基础知识的同时,也更注重培养他们的学习态度、自主学习能力、实践能力以及创新能力。

(二)体育教育在素质教育中的作用

1. 全面推行素质教育为体育教育的发展指明了方向

素质教育作为一种提高人的自身素质和社会素质的教育方式,是人从"自然人"转变为"社会人"的有效途径,同时也是教育从社会本位向人本位发展的需要。它不仅符合当今教育改革和发展的趋势,同时也有助于学生动手、动脑、动口、动心能力的培养。健康的体魄是青少年为祖国和人民服务的前提条件,也是中华民族旺盛生命力的体现。这不仅是在思想上对体育教育的发展进行了明确——以"健康第一"为指导,而且结合时代特征对体育教育的目的、意义也进行了科学的界定。同时也提出,

体育教育内容不仅要体现对体育文化的传承,还应注重体育教育与学生实际情况之间的联系,使学生能学以致用,对学生各项能力的综合提高能够产生长期效应。此外,进一步明晰了体育教育在现代社会中的价值,并切实对学生参与体育锻炼、学习体育知识的权利提供了保障,这不仅符合素质教育方针和政策的要求,也能全面促进和推动体育教育的改革和发展。

2.体育教育的实施有利于素质教育目标的顺利实现

素质一般泛指个体在先天和后天的共同作用下形成的身心的总体水平和特征,其中包括身体素质、文化素质、心理素质、品德素质等。素质教育最终要使学生在这些方面获得全面的提高和发展,为他们学会学习、学会做人、学会生活、学会生存奠定基础,体育教育则能为这个目标的实现发挥一些独特的作用。

(1)体育教育能够有效提高学生的身体素质

体育教育通过开展科学的身体练习,对处于生长发育期的青少年体质具有积极的改善与促进作用。其表现不仅在于能促使学生形成正确的身体姿势和良好的身体形态,还能使机体各器官功能不断完善和提升,对学生的全面健康起着极其重要的作用,这正是体育教育的本质功能所在。

(2)体育教育能够提高学生的心理素质,磨炼学生的意志

动作技术的学习与掌握过程实际上也是历经无数失败的过程。在此过程中,学生的抗挫折能力、吃苦耐劳的精神、坚韧的意志、面对困难的勇气和信心都能得到培养,进而促进学生自理与独立能力以及良好个性的形成。

(3)体育教育能够促进学生知识体系的构建

与农业经济时代和工业经济时代不同,当今社会是以知识为创造财富的来源和条件,这就鞭策每位社会成员都必须具有一定的能满足社会发展需要的有利于综合素质提高的知识和能力。但这并不意味着大脑里储存大量的知识就能在社会生存,健康的身体才是进行所有社会活动的先决条件。人只有拥有了健康,才能创造更多的财富,才能在社会竞争中

最大限度地体现个人价值，实现人生目标。所以，在每个人的知识体系中，除了各自专业领域的学科知识外，不能缺少的就是自主进行体育锻炼和健身活动的相关理论，它能为人们更好地发展自身提供必要的保障和支持。

（4）体育教育是形成良好思想品德的重要途径

在现代社会中，人们接受品德教育的途径和范围逐步扩大。由于体育运动的内容和形式丰富多样，且有一定的规则作为行为约束，有利于学生形成良好的体育道德规范和价值观，并能在参与过程中充分体会和执行平等、尊重、互助、团结和信任，促使学生思想品德的发展得到积极引导和有效促进。

（5）体育教育推动了个体社会化进程

个体社会化是一个人学习社会生存所需的生活技能、行为规范、价值体系，获取社会适应能力的过程。在这个长期而缓慢的过程中，体育教育能起到非常重要的作用。无论是体育教学活动、体育游戏，还是体育竞赛等活动，虽拥有各自的组织形式、特征、规范和目的，但参与者之间仍存在紧密的联系和相互作用，如合作、探讨、竞争、对抗、执行等。另外，在特设的情境下，各自原有的角色也可能发生改变，这些都使学生能充分地体验到服从、平等、竞争、成功、失败、控制等含义及价值，逐渐凸显其个性，并不断提高社会适应能力。

二、高校体育教育与学校教育的关系

（一）体育教育与学校教育中的其他技能教育

如今我国各级各类学校教育目标体系要求将学生培养成德、智、体、美、劳全面发展的社会主义建设者和接班人，此即学校教育的"五育"目标，其中"体"最直观的含义是身体的锻炼和发展。而在学校中，学生身体的健康发展除其自然生长发育外，还需依靠学校教育体系中的体育教育作为积极的促进和改造手段。体育教育能为学生良好体质形成及身心健康发展提供保证，这是体育教育本质功能的体现，也是学生实现"五育"全面发展的有效途径。因此,在学校教育整体上,"五育"地位平等,不可因某一项发展而忽略其他教育的开展,只有德育、智育、体育、美育、劳育共同发展,才能促进学生的全面进步。

(二)体育教育中的"五育"

体育教育作为一种改造和培养人的活动,不仅是学校教育"五育"的重要成分,而且由于该教育活动所具有的特殊性,其自身也有"五育",即智育、体质教育、体育道德教育、运动美学教育和社会适应教育。

第一,在体育教育中,由于要向学生传授大量的运动基础知识和技术技能,因而学生在学习过程中必须发挥其对知识的理解与分析能力,运动技术的学习也对学生的这些智力表现有积极主动的培养和促进作用,这些都是在体育教育和学习过程中智育的具体表现。

第二,通过体育教育,学生能够从中获得良好的德育培养与发展。体育活动有些是个人行为,有些则属于集体活动。在集体活动方面,可以培养学生正确的集体观念和良好的集体主义精神,如尊重他人、团结协作、相互信任等品质。

第三,体育教育能够促进学生审美观念和能力的形成,这体现了体育教育中的美育含义。体育教育除了促使学生学会并运用运动技能技术外,还要求学生在学习动作技术过程中形成一定的审美能力和正确的运动审美观念。

第四,体育教育自身的"体育"含义比学校教育"五育"中的"体育"概念相对狭窄,主要是指学生体质的增强与运动能力的提升。在学习阶段,学生正处于生长发育期,他们生理和心理的特殊性要求体育教育的性质主要表现为具有积极活动性的课程。这能够促进学生正常成长,形成良好的身体姿态和正确的基本运动能力,为学生体质的良好发展奠定基础。

第五,学生在运动过程中必须遵守每项运动的规则与要求,但是可以在规则的约束下自由地发挥,并进行创新,因而体育教育可以教会学生形成良好的运动行为,拥有优良的纪律性和自我约束能力。学生接受难度逐渐变大的技术教育过程实际上也是不断克服自身限制和运动困难,逐步提升自我不懈努力和奋斗意志的过程,也是形成对失败正确认识的过程。

三、高校体育教育与全民健身的关系

为了更好地提高全民的体质,推进全民健身融合发展,深化体教融合,完善学校体育教学模式,保障学生每天校内、校外各 1 个小时体育活动时间。整合各级各类青少年体育赛事,健全分学段、跨区域的青少年体育赛事体系。加大体育传统特色学校、各级各类体校和高校高水平运动队建设力度,大力培养体育教师教练员队伍。规范青少年体育社会组织建设,鼓励支持青少年体育俱乐部发展。

(一)体育教育使学生具备一定的运动知识、技术和技能

作为教育的一部分,必须承担对学科知识的传授和传承责任。通过参与体育教育活动,学生不仅能掌握运动技术,形成运动技能,还能全面、系统地获得运动基本知识、保健方法、锻炼方法、卫生知识等,为其在日常生活中进行科学、有效的自主锻炼提供必要支持。

(二)体育教育能够培养学生正确的体育观,形成终身体育意识

体育观是人对体育在人类和社会发展中作用的认识,包括对体育价值、意义以及态度等方面的看法。各种体育教育活动的实施能够使学生对体育目的和功能做出正确的判断,激发其内在的参与动机,并通过不断的运动实践获得巩固。从而使学生树立持之以恒的决心、信心以及锻炼的自觉性,促进终身体育意识的形成。

(三)体育教育能够促进学生运动兴趣、习惯和爱好的形成

从体育教育到高等体育教育,体育教育内容从最简单的基本活动能力的培养开始,如走、跑、跳、投、攀、爬等,逐渐延伸和扩展,尤其是到了初中和高中阶段,体育教育内容涉及田径、球类、体操、武术、舞蹈等项目的技术教学,学习内容的数量、广度和深度都有明显增强,这有利于学生在充分了解各项运动技术特征的基础上,结合自己的实际条件正确选择符

合个人需求和运动能力的运动项目进行练习,并为以后进行更加深入和系统的体育学习指明方向,从而形成正确、稳定的运动兴趣、爱好和习惯,为学生终身体育的实施提供保证。

(四)体育教育为"全民健身计划"的实施提供了人力和物质支持

目前,我国高等体育院校开设的专业主要有体育教育专业、人文社会专业、人体科学专业、民族传统体育专业、体育保健康复专业等,虽然各专业的学科设置、人才培养的最终目的和价值体现方式等有较大的区别,但就各专业所涉及的研究范围而论,它们都能深入普通群众的体育活动中,担负起组织、实施和指导等工作。

第二节　高校体育教育的形式

一、高校体育教育形式的发展

所谓形式,是人们认识和改造客观世界所采用的方式和手段的总称,它具有明确的目的指向性和实效性。因此,体育教育形式是人们为实现体育教育目的和目标而采用的一切手段、途径和方式的总和。从广义的角度来看,体育教育形式涵盖了人们为实现体育教育目的和目标的一切体育教育活动所使用和创造的所有条件、措施、方式和手段等。

(一)高校体育教育形式的产生过程

体育教育是随着人类社会的产生和发展而产生并发展起来的。高校体育教育形式是人们在长期对体育教育规律认识的基础上总结归纳出来的。在人们的日常活动中,锻炼方法蕴含着高校体育教学形式的含义和作用。例如外出踏青、爬山中会有类似速度、耐力和力量素质的练习方法;武术的演练中存在着类似武术教育的方法;在杂技和技巧训练中能表现出类似体操和灵敏、柔韧素质的教育方法;在涉水的活动中存在着水上运动教育的方法。直到近代建立体育教育制度后,高校体育教学形式才逐渐作为独立的教学研究对象被广大体育教育工作者重视。受各种时代特征及社会发展需要的影响,体育教育内容在不同社会形态和历史背景下有明显差异,这成为高校体育教学形式发生实质性变迁的主要因素之一。

(二)高校体育教学形式的构成

1.高校体育教学形式的目标

任何一种高校体育教学形式都力求对教师的教与学生的学产生最佳效果。教学方法的产生和使用都有明确的目标或任务,为一定的目标服务,否则不能称之为真正意义上的教学方法。例如为展示动作技术的各个环节、方向、路线和步骤等,一般会采用示范、演示等方法。

2.高校体育教学形式的沟通介质

高校体育教学形式的实施是为了让学生更好、更快地掌握各种体育知识。教师是高校体育教学形式的管理者和执行者,教学效果最终通过学生体现出来。因此,高校体育教学形式也是教师与学生发生关系的媒介。人与人之间的交流主要通过口头语言进行,体育教学过程亦是如此。但高校体育教学形式除了直接使用话语外,还有大量肢体语言的运用。

3.高校体育教学形式的身体动作

体育教育是靠身体练习实现其目标的,所以高校体育教学形式也需要大量的身体运动作为其主旨的体现和效果的表现形式,这也是它的最显著特征。

4.高校体育教学形式的环境因素

任何一项运动技术的教与学都需要一定的环境支持,包括场地、器材、季节、气候等,离开了这些条件的保障,该项运动的技术动作就可能被改变。

(三)高校体育教学形式的特征和要求

1.以身体运动为基本特征

学生直接从事各种身体锻炼来进行体育学习是体育教育的主要特

点,身体运动不仅是一种身心特点综合体现的过程,也是体育教育特有的手段和方式。体育教育过程是一种运动性认知过程,是通过身体练习将肢体运动与思维活动有机结合,掌握体育知识、技术,培养运动能力,形成正确的体育锻炼态度、情感与价值观,这也是高校体育教学形式与其他教育活动所采用的实施措施最本质的区别。

2. 效果的综合性

学生在从事各种身体练习时需要具有一定的体能水平,从外表上看这仅仅是一种肢体活动,实际上学生进行身体练习的过程是其情感、思维、意志等活动的综合体现。在这个过程中,不仅有对完成运动技术寻找方法和途径的行为,也有相互之间的知识探讨和情感交流,这期间参与者也能够获得思想道德、品质、审美能力的提升。所以,高校体育教学形式的实施也是体力与智力、情感、品德活动相结合、相统一的结果。

3. 具有一定的运动负荷要求

各种形式的体育教育会对学生形成一定的运动负荷,只有经过适当负荷刺激的锻炼,学生的体质和健康状况方能改善。学生进行各项身体锻炼时,机体各系统,尤其是运动系统、呼吸系统、神经系统、心血管系统等积极参与,身体承受一定生理和心理负荷。运动刺激的程度不仅影响学生掌握体育知识技能的效果,而且对学生的健康具有非常重要的影响。

二、高校体育教学形式体系的主体——体育教育方法

当前体育教育的方法是高校体育教学形式体系的主体,它对学生的锻炼意识和行为的培养起着关键作用,它能促进学生思想品德和品质的发展,也能够为学生获得正确的运动技术和锻炼知识提供实施保障。

(一)讲解法

讲解法是教师通过口头语言向学生讲授体育知识和运动技术原理及方法的一种教学方法,是体育教育过程中最重要且使用最多的方法。它要求教师在较短时间内用清晰、准确、简明、生动的语言向学生解释、描述教学内容的相关知识,并突出重点。科学组织讲授内容,注重逻辑性、连

贯性和完整性,将学科知识与品德教育内容相结合。用通俗易懂的语言激发学生的学习热情,诱导和启发学生积极探究和学习,为其进一步进行体育学习奠定了基础。但是,在讲解过程中应注意讲解的时机、时间和深度,可适当结合现代多媒体技术形式进行综合讲授。

(二)问答法

该方法采用教师与学生之间相互提问与回答的方式进行,其实施可以与讲解法同步,也可在学生练习或教师示范过程中使用,其形式和使用时机比较灵活。比如,即问即答、课前提问练习后再答、讨论回答、课前提问课后回答、作业式问答等。但是,在实施时要注意设问和解答的技巧,问题的难度必须符合学生的认识水平,使大部分学生通过一定的思考、练习、讨论等探析活动后能得到正确答案。这种方法不仅能转移和调动学生的注意力,启发学生对体育知识的学习,还能培养其思考能力,开发其创新能力,强化其对知识的记忆和理解,提高学生的学习效率。

(三)动作示范法

动作示范法是根据教学目的和特殊的需要,教师或学生以自身完成的动作为范例,用以引导、解释或纠正学生学习的方法,它是体育教育中最常用的一种直观教学法。将运动技术通过各种示范面的展示,包括正面、背面、侧面和镜面,对学生形成正确的动作表象、掌握和体会运动顺序及技术要领和技术特征等起到独特的作用。在进行示范的过程中,要根据动作技术的特征和学生的认知能力,准确、合理地安排和选择示范的速度、示范的位置和示范面,降低外界环境对学生观察示范动作的视线干扰,最大限度地保证全体学生都能看得见、看得清楚,并积极结合讲解、问答、讨论等方法,使学生能更清晰地认识和掌握动作要领及关键技术。

(四)演示法

在体育教学中,通过实物、挂图、黑板等教具展示,可使学生对运动技术的认识更清晰,对动作技术结构、难点、关键环节及细节的把握更准确。它能将抽象概念和知识生动化、直观化,对动作技术定型及知识记忆有重要作用。随着现代技术的发展,影像资料、视频、网络、多媒体等工具逐渐被应用于体育教学,以便更形象地展示体育知识和动作技术。

(五)纠正动作错误与帮助法

在各种运动的学习过程中,每个学生都会出现许多错误或问题,同时也伴随着各种性质和类型的危险,这是体育学习固有的,不可避免。这就需要体育教师及时发现错误以及在学习过程中存在的各种安全隐患,并给予有效的帮助和正确处理,逐步提高其动作技术和技能水平。该方法能使学生在不断练习中获得正确指导,既是掌握运动技术的需要,也是避免运动损伤的积极手段之一。

(六)运动竞赛法

运动竞赛法是借助比赛的形式,使学生在身体、知识、技能、智力、心理等方面获得提升的一种方法,具有娱乐性。它具有明显的竞争性和竞技性,以获得比赛胜利为目标。该方法能使学生充分体会到比赛的刺激和教育性,并能够较好地调动学生的学习参与性,从而在比赛过程中形成良好的意志品德、自我认知和自信心。比赛的不确定性使得学生在参与的过程中能自觉发挥和展示自己的综合能力,有助于学生个性的完善和发展。

第三节　高校体育教育管理的特色

高校体育教育管理是运用管理学的基本原理来研究体育教育管理运行的规律并提出解决体育教育管理中存在的问题的方法的一门综合学科。因此,了解和掌握体育教育管理学的基本理论是非常重要的。

一、高校体育教育管理本身的特色

(一)系统性

高校体育教育是相对复杂、多变的动态系统,在运行中难免出现各种问题。这些问题若不及时解决,会在一定程度上干扰体育教育工作的健康和谐发展。只有不断提高体育教育管理效能,才能确保系统协调运转。这要求我们建立强有力的整合系统,进一步完善各种制度和控制手段,最终目的是保持学校体育管理系统的动态良性发展。

(二)阶段性

学生是高校体育教育的主要对象。高校体育教育的管理与学校工作和学生的特点相适应,这主要表现在学校工作是按学期或学年来安排的,上下两个学期的体育教学内容具有一定的差异,那么每学期的工作需要保持一定的独立性。

(三)方向性

高校体育教育管理系统中,各个层次的工作人员都要明确体育教育的基本任务是培养社会主义现代化建设所需要的"四有"人才,正确处理体育与其他教育活动之间的关系,并使之相互配合,以实现最佳的整合效应。

(四)教育性

教育性是体育教育的重要功能。因此,体育教育管理要特别突出"以人为本",充分调动体育教师、学生及各级各类管理干部的积极性。这也是提高体育教育管理效益的重要环节。在体育教育管理的整个过程中,要始终贯彻思想教育,并制定与执行各种体育管理法规,对学生的体育教育管理更应将"育人"放在首位。

二、高校体育教育管理内容的特色

高校体育教育管理的内容主要包括体育教学过程、课外体育锻炼、课余体育训练与竞赛、体育师资、学生体质与健康、学校体育经费、体育场地设施、体育科研等方面。

(一)高校体育教学工作的管理

作为体育教育工作的重要组成部分,体育教学是实现体育教育目标的基本途径。因此,提高教学质量,保证体育教学目标的实现是体育教学管理的目的。

1.体育教学过程管理

体育教师和学生为实现体育教学任务而进行的双边活动过程称为体育教学过程,它包括教务管理、课堂管理以及意外伤害事故管理。教务管理、课堂管理前的基础性工作包括编班、安排课表、教师任务分配等。

意外伤害事故是指在体育教育教学活动期间发生的学生人身伤害或者死亡事故,对于体育教育意外伤害事故的管理,首先要强化"预防为主,安全第一"的意识及措施,其次要做好意外伤害事故的现场处理及管理。

2.体育教学管理评估

体育教学管理评估是指按照一定的标准对整个体育教学管理工作和体育部、体育教研室(组)工作的效率和质量做出客观的判定,它是提高体育教学工作管理水平的有效手段之一。

总的来说,体育教学管理评估可以分为校内和校外两大类。校内评估是指高校自我评估,目的是获得本校体育教学管理的相关材料,为高校管理者改进和提高体育教学管理水平提供决策依据,同时也对体育教师及场地器材管理人员起检查、督导作用。

(二)课外体育活动管理

课外体育活动是高校除按照体育教学大纲和教科书开展教育活动外,对学生所进行的有目的、有组织、有计划的教育活动,它与课堂体育教学相互促进、互为补充。加强课外体育活动的管理,有助于发展学生的智力,培养学生的能力,促进学生的全面发展。

(三)课余体育训练与竞赛管理

课余体育训练与竞赛是高校体育工作的重要组成部分。科学地进行课余体育训练和运动竞赛有助于推动体育教育工作的开展,对实现体育教育目标具有重要作用。

另外,通过进行科学的课余体育训练和竞赛,还可以提高学生的运动技术水平,培养体育活动骨干,选拔优秀的体育后备人才。

(四)体育教师及学生的管理

体育教师和学生是体育教育教学活动的主要参与者。故而,对体育教师和学生进行有效管理,对于体育教学工作的顺利开展起着十分重要的作用。

(五)高校体育经费管理

高校体育经费管理是指对高校体育经费进行合理的计划、使用与监督检查等工作。加强经济核算、讲究经济效益、提高管理水平,为高校体育发展提供经济保障是进行高校体育教育经费管理的目的。

(六)高校体育场地设施与器材管理

体育场地设施与器材管理是加强高校体育物质条件保证的重要环节。在对高校体育场地设施与器材管理的过程中,只有做到按计划构建、合理保管、及时供应、充分利用、科学保养、修旧利废、余缺调剂,才能有效地发挥体育场地器材的最大效用。

(七)高校体育科研管理

高校进行体育科研管理的目的是有效地组织开展高校体育科研活动,提高科研管理水平,调动广大体育教师参与体育科研的积极性,提高科研效率,获得更多、更好的科研成果,促进高校体育事业的发展。

(八)高校体育信息管理

高校体育信息管理是指对高校体育各种信息的搜集、加工、利用和储存的一系列活动过程。能够反映高校体育发展状况与趋势的情报、资料是高校体育信息的主要表现形式,如学生体质测定、业余体育训练的各种资料、数据;体育教师科研情况及科研成果;体育教学档案;有关高校体育发展状况的各种统计资料、报表;各种体育报纸、期刊等。

高校体育心理管理应加强对各种信息的收集、汇总、加工、处理、分析、储存及传递,使其形成相互协调、密切结合的运转机制。还应创造条件,逐步推广运用电子计算机,建立一个"灵敏、准确、及时、适用"的高校体育信息管理系统。在高校体育信息管理工作中,体育管理统计工作至关重要,它是获取体育信息的重要途径之一。

第四节　高校体育教育管理的原理

高校体育教育管理的基本原理是在现代管理学基本原理与体育教学结合的基础上产生的基本原理,这也是体育教育中的管理者所必须遵循的行为规范和准则。

一、目标导向原理

(一)精准目标设定的重要性

在高校体育教育管理中,目标设定是关键。教学目标要明确、具体且可衡量,比如学生在一学期内要掌握某种运动技能到何种程度,或是身体素质要达到怎样的指标。明确的目标犹如航海中的灯塔,为体育教学指引方向,确保整个教学活动不偏离轨道,具有针对性和实效性,使教师与学生都清楚知晓努力的方向与达成的标准。

(二)依目标规划教学路径

体育教师根据这些目标来设计教学内容和教学进度,确保每一堂课、每一个教学环节都紧密围绕教学目标展开。从宏观的学期教学计划制定,到微观的每节课的教学活动安排,都以教学目标为核心进行组织架构。例如,针对提高耐力素质的目标,教师会规划包含长跑、间歇跑等多种训练方式的教学内容,并合理分配到各个教学时段,使教学进程有条不紊地推进,逐步实现既定目标。

(三)以评估促目标达成

例如,若教学目标是提高学生的篮球投篮命中率,教师就会安排专门的投篮技巧训练课程,包括定点投篮、行进间投篮等不同形式的练习,并且在教学过程中不断评估学生与目标的差距,适时调整教学方法。通过定期的技能测试、课堂表现观察等评估手段,教师能够精准把握学生的学习状况,及时发现问题所在,进而灵活调整教学策略,优化教学方法,如增加薄弱环节的练习强度、改进示范动作等,全力保障教学目标的最终实现,让学生在体育学习中不断进步,收获良好的教学效果。

二、反馈调节原理

(一)多元反馈信息收集渠道

教学反馈在体育教学管理中不可或缺。教师要通过多种方式获取反馈信息,如观察学生在课堂上的动作表现、体能反应,这是最直接的方式,能实时掌握学生对技能的掌握程度和身体的适应状况;还可以借助学生的自我评价,让学生自我审视学习过程中的困难与收获,以及同学间的互评,从不同视角了解教学效果。这些多样化的渠道构建起全面的反馈网络,为精准教学调整提供丰富的数据支撑。

(二)教师依反馈优化教学

例如,在田径短跑教学中,教师观察到学生起跑姿势普遍存在问题,就可以及时给予纠正,并调整后续的教学重点,加强起跑技术的教学。当教师通过反馈敏锐捕捉到学生的学习短板后,迅速采取行动,对教学内容和方法进行针对性优化。这不仅解决了当前的教学问题,还能提升整体教学效率,使教学进程更加贴合学生的实际需求,推动教学向更高效、更优质的方向发展。

(三)学生借反馈改进学习

同时,学生也能从教师的反馈中明确自己的进步和不足,调整学习策略。教师的反馈对学生而言是重要的学习指引,让学生清晰认知自己的学习位置。学生依据教师的评价和建议,能够有针对性地强化优势、弥补劣势,自主调整学习节奏和方法,从而更加积极主动地投入体育学习中,实现自我提升与成长,进一步增强体育教学的效果与价值。

三、激励强化原理

(一)激励强化对学生积极性的撬动作用

适当的激励和强化能够提高学生参与体育教学的积极性。在体育教育中,学生的主观能动性至关重要,而有效的激励与强化手段犹如催化剂,能够激发学生内心对体育学习的热情与动力。当学生感受到自己的努力和成绩得到认可与奖励时,他们会更加主动地投入到体育课程中,积极参与各项教学活动,从而提升整体的学习效果和参与度,为体育教学的顺利开展奠定良好的心理基础。

(二)激励形式的多元化呈现

激励可以是精神上的,如教师对学生的表扬、鼓励,教师一句真诚的夸赞、一个肯定的眼神,都能让学生获得极大的满足感和成就感,增强他们的自信心与自我认同感;或者是物质上的,这些具体的物品能给学生带来实实在在的惊喜和快乐,成为他们努力学习体育的外在动力。多种激励形式相互配合,满足不同学生的需求,全方位地激发学生的积极性。

(三)强化策略的双向作用机制

强化分为正强化和负强化,正强化是给予奖励以增加某种行为出现的频率,比如学生在体操课上完成了高难度动作,教师给予表扬,学生就会更愿意尝试高难度动作,这种积极的反馈循环促使学生不断挑战自我,追求更高的体育技能水平;负强化是通过消除不愉快的刺激来增加行为频率,例如学生因为怕跑步不及格而努力锻炼,当成绩提高后就消除了不及格的压力,从而更积极地参与跑步训练。正负强化从不同角度引导学生的行为,使他们在体育学习中逐渐养成良好的习惯和积极的态度,进一步提升体育教学的质量和效果。

四、协调发展原理

在体育教育管理中,要做到学校体育和竞技体育的协调发展,应遵循以下两个基本原则。

（一）坚持用辩证的观点看待学校体育和竞技体育之间的对立统一关系

虽然学校体育和竞技体育的社会目的、表现形式等方面都有很多不同之处，但两者既不是绝对的对立，也不是机械的拼合。学校体育与竞技体育是相互促进、相互渗透、相互依赖、相互支援、缺一不可的。

具体来讲，竞技体育对学校体育起到了兴趣引导、示范、技术指导等作用。通常情况下，如果我国的某项竞技体育项目在国际上取得优异的成绩，学生参与这项活动的热情就会提高，从而掀起开展这项活动的学校体育热潮。

（二）坚持"两点论"和"重点论"

"两点论"是指学校体育和竞技体育两手都要抓，要体现协调发展的精神和原则。"重点论"是指体育工作整体以突出增强人民体质为重点，学校体育和竞技体育都要服从于这个大目标。

"两点论"和"重点论"是体育发展的协调观、整体观，也是体育教育管理中坚持协调发展的主要内容。通过协调发展，提高体育教育适合社会多种需要的综合能力，才能更好地为社会服务，最终达到体育教育为增强体质、促进人的全面发展的大目标，形成良性循环。

第五节　高校体育教育管理模式的构建

一、高校体育智能化管理模式的构建

将高校体育智能化管理模式进行多层分级，形成校—院—学科—教师的分级式模式。打破了原有的以二级学院管理为主体的管理模式，而在校院两级管理体系下，实行以学科为中心的教师管理模式，建立了教师负责制，从而壮大了教育管理队伍，使管理工作细致化和有效化。同时，明确规定了学科和教师的教育职责,充分调动了他们的积极性。学科组长全面负责学科的教育管理,教师具体落实日常管理;学校全面领导,体育工作部实行统筹管理,在此基础上依托学院教育管理领导者形成"层次分明,责任明确,上下齐抓共管"的新格局。

(一)加强教育管理的实行体制

1.建立教师第一责任制及干部管理体制

教师是大学生教育管理的第一责任人,不仅要有教书的观念,还要有育人的观念,形成教师对大学生的学习、科研、品德以及生活各个方面进行个别指导并全面负责的管理制度,对教师的教育管理必须有明确、具体的要求,并创造条件,以鼓励教师做好大学生的教育管理工作。同时,管理干部也是教育管理中的要素,加强对他们的管理至关重要。做到严格选拔和重点培养并举,从而提高管理干部的教育管理水平,使体育管理工作取得实效。

2.建立教育管理奖惩及淘汰机制

制定一定的激励机制,明确权、责、利一致的原则,做到赏罚分明,重在奖励,积极发挥管理者的才能,发挥管理的最大效益。

(二)拓宽教育管理方式

1.加强体育信息资料管理,创新体育教学管理方式

在智能化体育教学管理中,实现对高校体育各类文献、资料的收集、整合与分析是保证体育教学实践有序开展的重要环节。首先,在高校体育信息管理中,学校、教师首先要根据现代体育教学要求对各类信息进行采集、存储和传递,并将信息录入体育教学系统,建立体育教学数据库,以便于信息的保存、查找与利用。其次,相关的资料管理人员也应提高信息素养,强化责任意识,根据体育教学要求对体育资料进行分类、整合,并严格遵循学校构建的智能化管理规范与流程,确保学校的体育信息管理能够步入规范化、高效化的轨道,为体育教学实践提供信息服务。最后,高校应加强对信息系统的投入,从硬件到软件为体育信息化管理创造良好的环境,提高信息处理能力,推动体育信息管理从纸质化向电子化转变,

并为高校体育事业的智能化发展奠定良好的基础。

2.加强学生体育成绩管理,提供信息化教学管理依据

随着信息技术的发展,各种成绩管理软件的开发为高校体育教学管理模式创新提供了条件。通过对成绩管理软件的利用,教师能迅速分类输入学生的体育成绩,并根据教学分析要求进行结果统计,从而大大提高了高校体育成绩管理的效率。具体来讲,在高校体育成绩智能化管理中,教师首先需要利用专业软件对学生的个人信息进行正确录入,以方便相关人员查询与打印。其次,根据体育教学中学生的日常表现与考试成绩,对体育总成绩进行录入,并通过核对与检查进行确定、修改、分析,确定教学评价权重,全面反映学生体育成绩。最后,根据成绩对学生的体育素养进行综合分析,分析学生成绩差异的原因,为后续体育教学内容设计及体育教学实践开展提供有力的依据,体现智能化体育教学管理的效果。

3.加强体育教学课程管理,提高体育教学实践效果

在"互联网+"的发展计划下,将高校体育与互联网相结合,利用信息技术推动体育管理模式的创新已经成为提高高校体育教学实践质量的必然选择。在智能化教学管理中,高校体育课程体系的构建是关键环节,通过学科与技术的融合,一方面能够为体育课程的学习、理解和认识创造良好的条件,并依托多媒体技术、数据库技术为学生提供丰富的课程资源;另一方面还能够实现对体育课程的构建,为教师的信息管理、班级体育教学目标的设定以及课程选择等提供新模式。

(三)注重教育管理的运行机制

1.加强教师队伍自身建设的激励机制

提高教师队伍质量与素质是体育教育管理的关键,具体包括完善教师选聘制度,强化教师监督考核制度,建立教师培训制度,推行教师竞聘上岗制,以保证教师队伍的可持续发展。

2.加强管理干部队伍的自身建设

建立竞争上岗制,明确职责;实行奖金差异以及考核制度,形成管理干部队伍中的良性竞争机制。大学生、教师、体育生培养单位、体育生工

作部、学校建立层级责任的监督机制。

3. 落实经费投入

集中管理有关研究生教育的各种经费、基金，参与确定学校涉及研究生教育的建设项目和经费预算，以保证研究生教育管理工作的开展。

4. 加大网络文化建设

运用微信、E-mail等方式，建立网络交流平台，为教育管理提供新的途径，从而有效地提高管理效率。

二、"互联网＋"时代高校体育智能化管理模式的构成

互联网在不知不觉中已进入人们的日常生活，人们通过它学习、工作、交流，获取并传递信息。高校体育智能化管理的本质就是学校体育教学和管理的互联网化，它是互联网平台与传统体育教学管理相互融合、相互促进，体育教学资源、结构、理念优化提升的过程。而随着我国高校体育的发展，其已经从单一学科向综合学科拓展转型，向运动心理、生理、医学、经济等众多领域交叉拓展。借助互联网的优势，可以将更多知识、技能、情感、社会适应等目标和理念融入高校体育管理之中。

（一）体育教学智能化管理

教学是高校体育管理工作的重要内容。在传统的体育教学管理模块中，主要包括教学规章制度、教学文件、教学实践等内容。教师可通过各种互联网终端随时查阅本学期的教学情况，并根据实际情况及时调整教学计划和内容。管理者也可及时查看学校体育教学情况，进行实时监督、评价和反馈。教学资源的互联网化极大地拓展高校体育教学，教师可将文字、图片、视频等形式的教学资源及时分享给学生，同时可设置超链接指向教学文件，促进学生更好、更快地掌握教学内容。

（二）体育科研智能化管理

智能化的科研管理能够让教师随时随地进行科研活动，实现教师自身的成果管理、实验室管理，还能链接到图书馆、资料库、实验室、测试中心、阳光长跑、场馆管理等信息资源，实现高校体育各个模块的无缝连接，

各种资源、信息、数据及时共享。同时,还能实现科研团队间的局域信息化对接,从而提高科研工作的效率。

(三)体育群体活动的智能化管理

群体活动的智能化管理主要分为课余锻炼、体育社团、竞赛管理、阳光长跑四部分。课余锻炼模块中主要包括学生课外体育锻炼、时间场馆安排、体育讲座培训、身体锻炼方法等内容,使其能够直接查询到场馆信息、锻炼方法、指导教师等,也可建立学生交流平台,学生可随时查看感兴趣的体育锻炼项目。体育社团模块可模仿论坛建设模式,社团管理员将本社团的成员聚集在一起,共同讨论本社团的发展,并及时上传分享社团活动的感受及音像资料,社团间也可相互浏览交流。

竞赛管理模块主要致力于为学生提供一个规范、有序的竞赛环境。其中包括发布各类体育竞赛信息,如比赛项目、时间、地点及参赛要求等。学生可以通过该模块便捷地报名参赛,了解竞赛规则和流程。同时,系统会对竞赛过程进行智能化管理,记录比赛成绩和排名,确保公平公正。还可提供赛后分析,帮助学生总结经验,提升竞技水平。

阳光长跑模块着重鼓励学生积极参与长跑活动,提升身体素质。该模块可利用智能设备记录学生的长跑里程和时间,学生能实时查看自己的运动数据和进度。设置奖励机制,对坚持长跑的学生给予表彰和鼓励。此外,还可提供长跑路线推荐和安全提示,确保学生在安全的环境下进行阳光长跑活动,培养学生的运动习惯和毅力。

(四)体质测试智能化管理

体质测试实现智能化管理,将测试管理软件与测试硬件结合起来,能够将体质测试与数据处理同步上传,充分发挥出"互联网+"的优势,管理者能够方便地管理各项数据,教师和学生能够及时查看测试结果,对学生体质健康的动态变化实现长期监测,同时通过各方面的评价结果制定出包括生活方式、运动处方、膳食营养等方面科学的指导和训练方案。

(五)体育场馆智能化管理

通过将场馆的使用时间、使用人次、锻炼项目、收费等数据的汇总,分析出固定时间段锻炼项目的场地需求，从而合理规划场馆布局。通过互联网和场馆管理客户端，管理者能够及时调控和发布场馆的使用安排情况，通过现代支付工具有效管理和监督场馆经营情况。锻炼者能够通过客户端及时了解各个场馆的使用情况和安排，根据自己的时间和锻炼要求及时调整锻炼内容，也可通过场地预约功能提前预约自己需要的场地。智能化管理将科学高效地分配场馆资源，满足广大锻炼者的需求，有效避免锻炼者活动期间的拥挤；学校也可根据实时情况和长期数据统计，为学校体育场馆的建设提供依据。

(六)行政智能化管理

高校体育行政智能化管理主要是针对体育部内部使用的人员管理模块、日常办公模块、综合查询模块和互动交流模块。人员管理主要为教师管理和学生管理，教师管理主要包括教师的专业特长、研究方向、科研情况、获奖情况等，方便管理部门的宣传和学生选课。学生管理主要为校运动队学生的管理、各俱乐部成员的管理、各学院体育委员的管理等。日常办公模块主要包括部门内容各项文件、日常工作安排、相关新闻公告通知、常用表格下载等内容。综合查询模块主要针对学生体育课各项成绩、阳光长跑统计、体质健康测试数据、校本特色项目的考核等查询，为学生合理规划体育锻炼、展示锻炼成果、查看体质健康水平结果提供服务和帮助。互动交流模块主要具有实时应答、留言讨论等功能，可以作为全校学生针对学校的体育管理工作、体育教学、体育场馆、体育锻炼等问题与体育教师和管理者沟通的桥梁。管理者和教师也可针对某个问题进行意见征集、调查统计，从而更好地解决学校体育管理中存在的问题和满足学生的各种体育需求。

第六章　高校体育教学管理

第一节　高校体育教学管理概述

一、高校体育教学管理的概念与内涵

高校体育教学管理是指高校为了实现体育教学目标,依据体育教学的特点和规律,运用现代管理理论和方法,对体育教学过程中的各种要素进行计划、组织、协调、控制等一系列活动的总称。它涵盖了对教学师资、教学资源、教学内容、教学方法、教学评价以及学生学习情况等多方面的管理。这一管理活动并非简单的行政性操作,而是具有深刻教育意义的专业管理过程,旨在优化体育教学环境,提高体育教学质量,促进学生全面发展,培养学生的体育素养和终身体育意识。

二、高校体育教学管理的重要意义

(一)促进学生身心健康发展

高校体育教学管理通过合理安排体育课程内容和教学方法,确保学生能够掌握科学、系统的体育锻炼方法。例如根据学生的身体素质和兴趣爱好,开设多样化的体育项目课程,如篮球、足球、瑜伽、游泳等。合理的课程设置和有效的管理能够保证学生在运动中增强体质,提高心肺功能、肌肉力量和耐力等身体素质指标。同时,体育活动还对学生的心理健康有着积极影响,能够缓解学习压力,培养学生的意志品质和自信心,促进其良好心理状态的形成。

(二)提升体育教学质量

有效的体育教学管理可以规范教学流程。管理者可以组织教师进行教学研讨,制订统一的教学大纲和教学计划,明确教学目标和教学内容。在教学过程中,通过监督和指导教师的教学行为,如教学方法的运用、教学环节的衔接等,确保教学活动的科学性和有效性。此外,教学管理还涉及对教学资源的合理配置,包括体育场地、器材的维护和更新,充足优质的教学资源为高质量的体育教学提供了有力保障。

(三)培养学生终身体育意识

高校体育教学管理注重培养学生对体育的兴趣和爱好。通过设置丰富的课程、精彩的教学活动以及营造良好的体育氛围,让学生感受到体育的魅力。例如组织校内体育赛事、体育社团活动等,激发学生参与体育的积极性。当学生在高校阶段养成了积极参与体育活动的习惯,他们在毕业后更有可能将体育融入日常生活中,从而实现终身体育的目标。

(四)推动高校体育文化建设

良好的体育教学管理有助于营造积极向上的体育文化氛围。在校园内,规范的体育教学活动、精彩的体育竞赛等都是体育文化的重要组成部分。这种文化氛围不仅影响着学生,也对教师和整个校园环境产生积极的影响。例如学校可以将体育文化元素融入校园建设中,打造体育文化长廊,展示体育明星、本校体育成就等内容,让体育文化在校园中生根发芽,成为高校文化的一大特色。

三、高校体育教学管理的目标与任务

(一)目标

1. 短期目标

保障体育教学活动的顺利开展,使学生在本学期内掌握特定的体育技能和知识,完成既定的体育课程考核内容,提高身体素质和运动能力。例如在篮球课程的一个学期教学中,让学生掌握基本的篮球运球、传球、投篮技术,了解篮球的比赛规则,通过考核提高学生的篮球水平。

2.中期目标

完善体育教学体系,包括教学内容的优化、教学方法的改进和师资队伍的建设。在几年内,使高校体育教学更符合学生的需求和时代发展,培养学生的体育兴趣和自主锻炼能力。例如逐步增加新兴体育项目课程,如攀岩、射箭等,提高教师运用现代教育技术进行体育教学的能力。

3.长期目标

形成具有本校特色的体育教学文化,培养学生的终身体育意识,提高全校师生的体育素养,使体育成为高校教育的一张亮丽名片。通过长期的努力,使学校在体育教学、体育竞赛、体育科研等方面都取得显著成绩,在国内高校体育领域具有一定的影响力。

(二)任务

1.教学计划管理

制订科学合理的体育教学计划,包括学年计划、学期计划等。要根据学校的教学资源、学生的特点和体育教学的总体目标来安排教学内容、教学进度和教学课时。例如对于不同年级的学生,教学计划应有所侧重,大一学生注重基础体育技能的培养,大二、大三学生可以根据兴趣选择更具专业性的体育课程,大四学生可以开展体育保健等与健康生活相关的课程。

2.教学师资管理

高校体育教学管理要重视师资队伍的建设,包括教师的招聘、培训、考核等环节。招聘具有专业素养和教育能力的体育教师,为教师提供定期的培训机会,如参加体育教学方法研讨会、新兴体育项目培训等,以提高教师的教学水平。同时,建立科学的教师考核机制,考核教师的教学效果、科研能力等,激励教师不断进步。

3.教学资源管理

合理管理体育教学资源,包括体育场地、器材的规划、购置、维护和使用。确保体育场地的安全和整洁,根据教学和学生活动的需求及时更新和补充体育器材。例如对于使用率较高的篮球、足球等器材,要定期检查和更换,同时合理规划体育场馆的开放时间,提高其利用率。

4.教学质量管理

建立教学质量监控体系,通过课堂观察、学生反馈、教学评价等多种方式来评估体育教学质量。及时发现教学过程中存在的问题,如教学内容是否合适、教学方法是否有效等,并采取相应的改进措施。例如定期组织学生对体育课程进行评价,根据学生的意见调整教学内容和方法。

第二节　高校体育教学管理的构成与原理

一、高校体育教学管理的构成要素

(一)人员要素

1.体育教师

体育教师是高校体育教学的核心力量。他们不仅要具备扎实的体育专业知识和技能,如运动生理学、运动解剖学、各种体育项目的技术和战术等,还要掌握教育教学方法,能够根据学生的特点和需求进行教学设计和实施。优秀的体育教师能够激发学生对体育的兴趣,引导学生积极参与体育活动。例如一位有经验的足球教师可以通过生动有趣的讲解、示范和训练方法,让原本对足球不太感兴趣的学生爱上足球运动。

2.学生

学生是体育教学的主体。他们在体育教学管理中具有重要地位。不同学生的身体素质、兴趣爱好、运动基础等存在差异。在教学管理中,要充分考虑这些因素,因材施教。例如对于身体素质较弱但有运动热情的学生,可以为他们设计个性化的锻炼计划,从简单的运动项目开始,逐步提高他们的运动能力。同时,要关注学生的参与度和学习反馈,鼓励学生积极参与体育课程的设计和评价,以提高教学的针对性和有效性。

3.教学管理人员

教学管理人员包括学校体育部门的领导、体育教学秘书等。他们负责制定体育教学政策、规划教学资源、组织教学活动、协调师生关系等。教学管理人员需要具备管理能力和体育专业知识,能够统筹全局,保障体育教学工作的顺利开展。例如体育教学管理人员要根据教学大纲和教师的安排,合理编排课程表,确保体育课程的时间安排不与其他课程冲突,同时还要协调体育场地和器材的使用。

(二)物质要素

1.体育场地

高校体育场地是体育教学的重要物质基础,包括田径场、足球场、篮球场、排球场、体育馆、游泳池等。良好的体育场地条件能够为体育教学和学生的课外体育活动提供保障。例如标准的田径场可以满足短跑、中长跑、跳远、投掷等多项体育教学的需要。学校要注重体育场地的建设和维护,保证场地的安全性和适用性。同时,合理规划体育场地的功能分区,提高场地的利用率。

2.体育器材

体育器材是体育教学不可或缺的物质条件,如各种球类、健身器材、体操器材等。不同的体育项目需要不同的器材支持。例如在乒乓球教学中,乒乓球拍和乒乓球是必备器材。体育器材的管理包括器材的购置、存放、维护和更新。要根据教学的实际需求和学生人数,合理购置器材,建立器材管理制度,对器材进行定期检查和维护,确保器材的正常使用。

(三)信息要素

1.体育教学大纲和计划

体育教学大纲是体育教学的指导性文件,它规定了体育教学的目标、内容、教学方法、考核方式等。教学计划则是根据教学大纲制订的具体实施方案,包括学年计划、学期计划等。这些信息是体育教师进行教学的依据,也是教学管理人员对教学进行监督和评价的标准。例如教学大纲规定了篮球课程要培养学生的团队协作能力和篮球基本技能,教学计划则详细安排了每个教学单元的内容和教学方法。

2.学生体育信息

学生的体育信息包括学生的身体素质数据、体育成绩、兴趣爱好、参与体育活动的情况等。这些信息对于教师了解学生、调整教学内容和方法具有重要意义。例如通过学生的身体素质测试数据，教师可以为身体素质较弱的学生制订个性化的训练计划，以提高他们的身体素质。同时，利用学生体育信息管理系统，可以对学生的体育学习过程进行动态跟踪，为教学评价提供全面的数据支持。

3.体育教学研究成果

高校体育教学需要不断吸收新的教学研究成果。这些成果包括新的教学理论、教学方法、运动训练方法等。近年来，随着信息技术的发展，线上线下混合式体育教学模式逐渐受到关注。高校可以引进这些新的研究成果，改进体育教学方法，提高教学质量。教学管理人员和教师要关注体育教学领域的研究动态，积极参加学术研讨会和培训，将最新的研究成果应用到实际教学中。

二、高校体育教学管理的原理

(一)系统原理

高校体育教学管理是一个复杂的系统，它由人员、物质、信息等多个要素组成，这些要素之间相互关联、相互作用。从系统的角度来看，体育教学管理要遵循整体性、层次性和动态性原则。

1.整体性原则

在体育教学管理中，要将教学过程的各个环节、各个要素看作一个整体。例如在制订体育教学计划时，要综合考虑教师、学生、教学资源等多方面因素，不能只关注某一个方面。体育教学目标的实现需要教学计划、教学实施、教学评价等各个环节的协同配合，任何一个环节出现问题都可能影响整个体育教学系统的功能。

2.层次性原则

高校体育教学管理具有明显的层次性。从学校层面到体育部门,再到教师和学生,不同层次有不同的管理职责和目标。学校领导负责制定体育教学的总体战略和政策,体育部门领导负责组织和实施具体的教学管理工作,教师负责具体的课堂教学,学生则是学习的主体。这种层次性要求在管理过程中要明确各层次的职责和权限,确保管理工作的有序开展。

3.动态性原则

体育教学管理系统是一个动态的系统,它要随着社会发展、教育改革和学生需求的变化而不断调整。随着新兴体育项目的兴起和学生兴趣的多样化,高校体育教学管理要及时调整课程设置和教学内容,引进新的体育项目,满足学生的需求。同时,教学管理过程中的人员、物质等要素也处于不断变化之中,如教师队伍的更新、体育器材的更换等,都需要管理系统及时适应这些变化。

(二)人本原理

人本原理强调在高校体育教学管理中要以人为本,充分发挥教师和学生的主观能动性。

1.尊重教师

体育教师是体育教学的关键人物,在管理中要尊重教师的专业知识和教学经验。为教师提供良好的教学环境和发展空间,如支持教师参加专业培训、开展教学研究等。尊重教师的教学风格和创新精神,鼓励教师尝试新的教学方法和手段,提高教学质量。例如对于教师提出的改进体育课程考核方式的建议,要认真研究和采纳,让教师在教学管理中有更多的话语权。

2.关注学生

学生是体育教学的中心,要关注学生的需求、兴趣和发展。根据学生的身心特点和个体差异设计教学内容和方法。在教学过程中,要鼓励学生积极参与、自主学习。例如在体育课程的选择上,要给予学生更多的自主权,让他们能够选择自己感兴趣的体育项目。同时,要关注学生在体育学习中的情感体验,培养学生的自信心和团队合作精神,促进学生的全面发展。

(三)效益原理

高校体育教学管理要追求效益的最大化,包括经济效益和社会效益。

1.经济效益

在体育教学管理中,要合理配置教学资源,提高资源的利用率,降低教学成本。例如,在体育器材的购置上,要进行充分的市场调研,选择性价比高的器材。同时,合理安排体育场地的使用时间,避免资源闲置。通过科学的管理,可以在有限的资源条件下,提高体育教学的质量和数量。

2.社会效益

高校体育教学的社会效益主要体现在培养全面发展的人才、促进社会体育文化发展等方面。通过高质量的体育教学,培养学生的体育素养和终身体育意识,使学生毕业后成为社会体育活动的积极参与者和推广者。此外,高校的体育竞赛、体育文化活动等也对社会体育文化产生积极影响,如高校体育赛事可以吸引社会关注,促进体育文化的传播。

(四)激励原理

激励原理在高校体育教学管理中具有重要作用,可以激发教师和学生的积极性和创造性。

1.对教师的激励

建立合理的教师激励机制,包括物质激励和精神激励。物质激励可以通过提高教师的薪酬待遇、发放教学成果奖励等方式来实现。例如对于在体育教学改革、科研等方面取得突出成绩的教师给予奖金奖励。精神激励则包括表彰优秀教师、提供晋升机会等。例如评选年度优秀体育教师,颁发荣誉证书,并在全校范围内宣传他们的先进事迹,提高教师的职业荣誉感和成就感。

2.对学生的激励

通过多种方式激励学生积极参与体育教学。可以设置体育奖学金,奖励在体育学习和体育竞赛中表现优秀的学生。同时,在体育课堂上,教师要及时对学生的进步和努力给予肯定和表扬,增强学生的自信心和学习动力。例如对于在体育技能训练中克服困难、取得明显进步的学生,教师可以在课堂上公开表扬,并给予小奖品,激发学生参与体育活动的热情。

(五)反馈原理

反馈原理是高校体育教学管理中实现有效控制和持续改进的重要依据。

1.教学反馈的内容

教学反馈包括对教学过程和教学效果的反馈。教学过程反馈主要涉及教师的教学方法、教学进度、教学内容的难易程度等方面。例如学生可以反馈教师在篮球教学中示范动作是否清晰、讲解是否易懂。教学效果反馈则关注学生在体育知识、技能、身体素质和情感态度等方面的变化。如通过学生的体育成绩、身体素质测试数据以及学生对体育的兴趣和态度变化来评估教学效果。

2.反馈的途径和方式

反馈途径多种多样,包括学生评价、教师自我评价、同行评价、教学管理人员评价等。学生评价可以通过问卷调查、课堂讨论、学生座谈会等方式进行。教师自我评价可以通过教学反思日记、教学录像分析等方式进行。同行评价可以组织教师之间互相听课、评课。教学管理人员可以通过课堂观察、教学资料检查等方式进行评价。通过这些反馈途径和方式,收集全面的教学反馈信息,及时发现问题并采取相应的措施进行改进,提高体育教学管理水平。

第三节 高校体育课程管理方法与组织构建

一、高校体育课程管理的方法

(一)行政法

在高校体育教学管理实践中,运用行政方法要求上级、下级之间的关系非常清晰。因此,上级对下级下达的命令、指令或指令性计划等必须符合本部门实际和管理活动的规律,上级领导应具备良好的领导素质、较高的理论政策水平和较强的组织管理能力等。

(二)经济法

在高校体育教学管理过程中,价格、税收、信贷等宏观经济手段几乎不被使用,比较常用的经济手段有工资、奖金、罚款等微观经济手段。

(三)宣传教育法

宣传教育法是指人们围绕着共同目标而主动采取行动的方法。该方法的客观依据是对思想活动发展规律的正确认识,它能够激发管理人员、教练员和教师的工作热情,是高校体育教学管理工作开展的重要前提。

二、高校体育教学管理的组织机构

(一)高校体育教学管理组织的含义

组织结构理论是研究组织责权关系、分工与协作等组织要素之间相互联系以及组织设计如何更加有效的理论。它是实现组织目标的重要手段,同时也影响和制约着组织功能的性质、水平、范围,决定着组织的效率与竞争的能力。在现代高校体育教学管理中,不同高校有不同的组织管理模式,每种模式都有它的合理性和特点,不同管理模式的建立与体育教学的组织结构密切相关。

(二)高校体育教学管理组织的任务

在体育教学管理系统中,组织的主要任务包括体育教学组织结构的设计、体育教学组织系统的运行和体育教学组织系统的调整三个方面,其中体育教学组织结构的运行是重点。

1.体育教学组织结构的设计

现代高校体育教学管理组织结构的设计就是按照体育教学管理要达到的总体目标、任务、规模及所处的教学环境确定体育教学管理的组织结构、设置管理职位、划分职权与职责,从而构建合理有效的体育教学管理系统框架。在实际的教学管理过程中,体育教学管理组织结构的设计会牵扯到体育教学内部的运行机制、管理权限以及运作流程。因此,合理的体育教学组织结构设计是十分必要的。

2.体育教学组织系统的运行

设计体育教学管理组织结构是为了更好地行使体育教学管理的组织职能。体育教学管理系统的有效运转有助于体育教学组织的管理职能的有效发挥。在体育教学管理过程中,为了使各种与体育教学活动有关的要素有机配合,保证组织的正常运行,必须具备以下条件。

第一,制定体育教学管理系统的制度规范。体育教学管理系统的制度规范主要包括针对人的制度和针对部门的制度两种。制定制度的根本目的是保证体育教学管理系统中各部门、各工作人员任务、范围、权限、标准的明确可行,规范化的制度有助于体育教学工作的有序开展。

第二,制定体育教学管理系统的工作流程。工作流程是实现体育教学最终管理目标和工作任务的工作路径,它体现了体育教学管理系统各类工作任务间的顺序关系。这种顺序关系是由工作任务的特点和逻辑关系决定的,具体是指体育教学管理系统的工作任务的工作步骤及其先后顺序。由于在一个工作任务中的逻辑关系不是唯一的,因此完成任务的工作路径也不是唯一的,是可选择的、可变的。

第三,建立体育教学管理系统信息沟通渠道。现代社会是一个信息化社会,信息沟通在社会中占有十分重要的地位和作用,对于一个完整的管理系统来说,良好的信息沟通对于管理工作有着事半功倍的作用。因此,建立通畅的信息沟通渠道对于管理系统的正常运行是十分必要的。在体育教学管理系统中,建立信息沟通渠道的目的是使管理者及时准确地获取相应的信息,以便适时地调整、改变体育教学工作,同时在体育教学工作完成过程中产生风险时能做出快速、有效的反应,这些最终的目的都是更好地完成工作任务。

3.体育教学组织系统的调整

任何一个管理组织系统都是处在不断变化中的,体育教学管理系统也不例外。在体育教学管理系统中,无论是系统内部的人员构成、专业结构、组织规模等还是系统外的院校管理体制、国家政策等因素都有可能发生变化。为适应这种变化,就要对体育教学组织系统不断做出调整,以保证体育教学管理系统工作的正常进行。

(三)高校体育教学管理组织机构的构建

1.体育教学管理组织机构的含义

从本质上看,我国高等院校是由教育、科学研究和行政单位组成的矩阵式组织,学科与教育活动将学者组织在一起。因此,高校体育教学管理组织机构呈现出以下特点:第一,从高等院校的人员构成来说,高等院校教师在学术上归属于某一学科、专业,在行政上归属于某一特定院校、学院或系,充分体现了高等院校组织结构的行政与学术特点。第二,从高校的机构设置来说,纵向方面有校、院、系等划分,横向方面有各职能处室及各种研究所、各类中心、课题组、项目组等,形成多重矩阵结构。第三,从高校的不同职能来说,高校的教学、科研、服务等职能的实现都需要相应的组织结构来保证,相应地可划分为教学矩阵、科研矩阵、服务矩阵以及为上述职能实现而服务的管理矩阵,这种对我国高校体育教学管理组织机构含义的认识更侧重高校职能的本质属性。现阶段,我国高校在组织结构设计方面或多或少体现了矩阵式组织结构理论。

2.体育教学管理组织机构建立的原则

高校要想建立和完善体育教学管理组织结构,必须以培养学生体育运动技能为核心,并且遵循以下原则。

(1)统一原则

体育教学管理组织机构建立的统一原则是实现高校办学目标的重要保证,具体是指体育教学管理系统部门的建立及其运转要尽量将体育教学管理的组织结构形成有机统一的整体。

(2)效率原则

体育教学管理组织机构建立的效率原则是指在建立体育教学组织结构过程中,应该想方设法地通过协调和控制提高工作效率和经济效益。效率原则是衡量体育教学管理的组织结构是否科学合理的重要原则。

（3）精简原则

体育教学管理组织机构建立的精简原则是指高校体育教学组织结构要在达到全面支持体育教学的基础上尽量精简机构和人员。在高校中，体育教学组织结构的精简，关键在于精，要以精求简。

（4）责权一致原则

体育教学管理组织机构建立的责权一致原则是指在建立组织结构过程中，既要对每个部门规定明确的职责，又要根据职责大小赋予相对等的权力。在体育教学实践中，要完成某一项工作就一定要确立具体部门的具体职责，并保证部门为了完成这一职责拥有与之相匹配的权力。

（5）弹性原则

体育教学管理是一个动态的过程，且受诸多因素影响。体育教学管理组织机构的弹性原则是指管理系统中各部门、各环节及管理人员为完成特定工作，能自主履行职责，并根据客观情况变化自动调整履行职责的方式、方法。在体育教学实践中，弹性原则要求体育教学管理组织结构在统一领导的基础上实行分级管理，即在统一的前提下赋予每个部门、每个层次以必要的权力，给予各部门、各层次一定的弹性权力，使其能够在职权范围内根据实际情况灵活采取措施，自主调节工作，充分发挥自己的积极性、主动性和创造性，从而实现体育教学管理的科学化、高效化。

第四节　现代高校体育教学管理发展探析

一、我国高校体育教学管理的发展趋势

（一）发展环境分析

1. 经济环境

近年来，我国生产力水平逐步发展，人们的生活水平不断提高，人们的体育需求也不断增长。同时，在各方面因素的影响下，我国人民的闲暇时间逐渐增多。在这些因素的共同作用下，我国的体育市场进一步得到开拓和发展。

2. 教育环境

体育教育方面的改革是教育改革的重要方面。近年来,我国体育教育体制不断改革、发展,体育教育进一步适应了我国当前的社会发展状况,为体育教学的不断发展与完善奠定了良好的基础。

(二)改革方向与特点

1. 举国教育体制的发展

现阶段,我国正处于社会结构的转型时期,各方面的权利、责任以及利益将得到重新分配,最终实现社会各方面的平衡。在体育教育领域,这一现象也正在发生。经历这一阶段的变革和转型之后,我国体育教学管理体制将成为结合型的举国体制。

2. 教育自主管理权的扩大

在未来的发展过程中,政府更多的是发挥宏观调控、组织和引导的作用。体育教育组织权限将进一步扩大,能够更好地进行有效管理,更多地行使业务管理职能。管理权力的分工与配合使教育管理更高效,在这种管理模式下,各项管理决策的制定和实施都能够在体育教育组织内部进行,能发挥体育教育组织自身的积极性和主动性,更好地实现体育教学组织的自我发展和自我完善。

3. 体育教学管理方法的多元化

随着行政管理的弱化,经营性管理进一步增强。因此,市场的调控作用将进一步得到发挥,其资源配置作用将在体育教育方面得到进一步展现。未来的体育教学管理必然是多种手段的结合,实行行政、经济、法律等方面的综合管理。

4. 区域体育教学管理发展的不平衡

我国处于社会主义初级阶段,经济社会发展呈现出一定的不平衡性特点。因此,多种形式的管理体制将在很长一段时间内长期共存。我国经济社会的发展具有地区性差异,表现为东部沿海地区发展水平较高,西部偏远地区发展相对较为缓慢。因此,受经济社会发展限制,偏远地区的行政管理模式将在很长一段时期内所有保留;东部发达地区体育教育发展成熟,呈社会管理型特点。

5.体育教学管理体制与机制的不断发展

社会经济发展状况对于体育管理体制具有重要影响。因此,随着我国经济社会的发展,体育管理也必将会得到相应的发展和提高。

二、我国高校体育教学管理的发展策略

(一)深化体育教育行政管理机构改革

体育教育行政机构改革作用表现在以下两个方面,一方面,能提高政府的工作效率,减轻政府的工作负担;另一方面,政府将一些权力和职能下放给体育教育单位,以更好地调动和发挥其积极性。通过这方面的改革,能够实现政事分开、管办分离,使得教育行政化得到有效缓解。行政管理部门的宏观把握和调控的功能应进一步加强,更好地保证我国社会主义特色体育管理体制的健康发展。

(二)推动体育教育事业单位改革

按照中央的统一部署,教育事业单位的改革应坚持责任、权利、利益相统一的原则,对事业单位的人才选聘、人才使用、人才培养的一级分配制度等各方面进行优化改革。将社会效益、单位效益与个人利益有机结合起来,促进事业单位的进一步发展、完善。

(三)深化体育教学管理体制改革

体育教学管理改革是体育管理发展的重要推动手段。体育教学管理体制的改革应妥善处理各级教育机构之间的关系,促进各方面改革的全面推进,使得教学、训练、竞赛等各方面的体制相互协调、共同发展。在体育教育体制改革过程中,应充分发挥行政部门的监督和指导等方面的作用。

(四)积极推动校园体育俱乐部的发展

体育俱乐部建设是推动体育发展的重要力量。体育俱乐部与体育教育相结合,能够促进学生运动技能和运动水平的提高。因此,应鼓励和支持各种类型的体育俱乐部的建设。各体育俱乐部在发展过程中应接受相应的运动协会的指导,并建立健全相应的规章制度,促进其健康发展。

(五)调动社会力量积极发展体育教育

社会力量是推动体育教育发展的重要推动力,对于体育教育的发展和完善具有重要的作用。因此,应鼓励社会团体、民间组织以及公民个人兴办体育教育,引导、组织和规范体育活动的开展。政府和体育教学事业单位并不能完全兼顾体育教育的所有方面,这就需要发挥社会中介组织的力量,使得政府和体育教育单位不能充分发挥管理功能的领域能够得到较快的发展。在社会力量的积极参与下,创造良好的发展氛围,有利于体育教育的健康发展。

三、我国高校体育教学管理的创新发展

体育教学管理的创新发展涉及多个方面,要注重观念、组织、制度、方法等方面的创新,促进体育教学管理实现全新转变。

(一)观念创新

观念创新是当前我国体育教学管理其他方面创新发展的基础。体育教学管理观念的创新应注重开拓管理思维、发展管理理念。管理者应以创新的思维方式和科学的管理理念指导体育教学管理的决策、规划、执行、监管等方面,观念的创新应与我国经济社会的发展需要相适应。

(二)人才培养

管理人才的培养是体育教学管理发展的一个重要途径和趋势,在体育教学管理系统中,要重视教师这一重要管理参与者以及专业体育教学管理人员的专业素质培养与业务水平的提高。

1.加强对学校师资力量的建设

在体育教学管理过程中,学校体育部门要高度重视教师队伍建设。优秀的体育教师应具备健康的身心、健全的人格,具备丰富的专业知识技能,富有创新精神和实践能力。这些素质会影响学生的学习和发展,并且对体育教学改革也有着重要意义。在具体工作中,学校主管部门可有针对性地组织教师进行学术交流和专业技能学习,从而切实提高教师的教学能力。此外,应进一步优化教师队伍的结构,使不同性别、年龄、学历以及具有不同教学和训练经验的教师能相互学习,共同进步。

2.提高体育教学管理人员的素质

体育教学管理人员是从事体育教学管理工作的主体,因此提高体育教学管理人员的素质对于完善当前体育教学管理具有重要的意义和作用。具体来说,要想促进体育教学管理人员专业素质和管理素质的全面提高,应该格外重视体育教学管理人员的培训工作,开阔管理人员的视野,为管理人员提供一定的机会与途径,使其了解与认识现代体育教学管理知识,从而全面促进体育教学管理人员综合素质的大幅度提高,使其所具备的素质能够适应新时期、新形势下体育教学管理工作的需要。

(三)组织创新

组织创新是体育教学管理创新发展的基础。体育教学管理依赖明确的权责划分,需建立完善高效的管理组织机构。体育教育的组织创新要使管理者的管理能力得到进一步发挥,促进管理效率的提高。组织创新是对组织内部各种资源的优化整合和再配置,精简机构中的相关部门,同时根据相应的职能完善组织结构,使组织内部人才得到充分、合理利用。

(四)方法创新

方法创新是体育教学管理创新发展的重点。管理工作有着相应的方法体系,是保证管理目标实现、管理工作得到落实的重要环节。在体育教学管理过程中,管理方法与管理实践密切联系,其科学性和操作性将对管理实践产生积极的影响。可以从重视先进方法的综合运用、重视先进科技的引入、重视先进技术的改善等方面入手。

(五)制度创新

制度创新是体育教学管理创新发展的关键。在社会不断发展和变革的过程中,会出现一些新情况和新问题,因此有必要从完善制度入手,有针对性地解决这些问题,从而保证各项工作能够有秩序地开展。管理制度创新有两种形式,其一是对过去制度的进一步发展和完善,其二是根据需要制定新的管理制度。

第七章　高校体育活动管理

第一节　体育课堂教学的管理

一、体育课堂教学管理概述

(一)体育课堂管理内涵

根据国内外对于体育课堂管理的研究,体育课堂管理应包括以下两种取向:①强调对学生的监督和控制,即强调学生必须在课堂教学中遵守纪律和规范,重点在于控制与维持。②强调对学生的引导和激励,即强调学生在课堂教学过程中的主体性,强调学生的积极、主动参与,重点在于激励与促进。因此,可以认为,体育课堂的管理是指通过采取适宜的方式与策略,有效调控体育课堂中的诸因素,以师生的互动为中介,以学生的自我控制为基本目的,最终促进体育课堂教学活动的顺利开展。

(二)体育课堂教学管理要求

1.树立正确的教学思想

在体育课堂教学管理过程中,要树立符合社会发展规律、符合体育发展和认识规律、对体育教学有指导意义的教育思想。

2.强化体育的多功能目标

现阶段,强化体育的多功能目标是体育教学的客观要求,是体育教学科学化管理过程的必要条件。要实现这一目标,应做到以下几点:①切实依托体育教材开展体育教学,在体育教学实践中,学校体育课程教材内容的选择,既要考虑其生物性价值,也要考虑其教育方面的功能,将科学性和实效性相结合。教师要将身体锻炼知识、运动技能和手段的掌握、健康水平评价、运动技术原理等合理地贯穿在教学过程之中,使之有机结合,适应体育与健康教育相结合的发展趋势。②体育教师应敢于突破传统模式的束缚,善于运用多种方法发挥学生的主体作用。实现"快乐式"体育教学与"磨难式"体育教学的有机结合。③体育教师在上课期间要注意传授知识,使学生掌握技能,从而培养学生的健身意识,介绍自我锻炼的方法;课后要注意引导学生自主或有组织地进行锻炼,逐步树立健身意识、掌握锻炼手段和方法。

3. 提高体育教学质量和效果

在体育教学中,加强体育教学管理主要是为了有效提高教学的质量和效果,而加强体育教学的管理不仅需要落实到整个体育教学活动过程中,同时还要在高校体育教学管理的所有环节中得到有效落实。除此之外,在体育教学过程中还应充分发挥体育教师的管理主体作用,并控制好其他的教学因素,从而保证体育教学活动的顺利进行。

4. 加强体育教学管理的科学性和专业性

体育教学活动包含的内容非常多,且非常复杂,同时还具有很强的专业性。鉴于此,体育教师在教学的过程中要准确把握体育教学的机制,并进行渗透化管理,同时还要对管理的效果进行定期或不定期的检查,从而建立科学有效的体育教学管理机制。

二、体育教学文件的管理

体育教学文件在体育教学中具有重要的作用,对体育教学活动有重要的指导性。因此,加强体育教学文件的管理能够有力地保证教学活动的顺利进行。

当前体育教学文件的管理需要遵循一定的步骤,具体如下。

(一)分析教学的客观实际

教学文件对体育教学有指导作用,体育教学管理应符合教学实际,因此对于教学文件的内容要进行合理选取与参考。在体育教学管理中,第一个步骤就是学习研讨,其具体的操作程序是提出指导性意见并组织学习研讨,对体育教学文件进行管理的主体是体育机构和体育教研室(组)。

(二)制定体育教学文件

制定体育教学文件是体育教学文件管理的第二步。具体而言,这一步是高校相关部门和人员经过仔细研讨后,对教学文件进行具体规划。

(三)教学文件的实施与调整

体育教学文件审核批准通过后,须落实教学文件内容并进行适当调整,这是体育教学文件管理的第三步。

在实施体育教学文件的过程中,体育教学工作者必须严格规范执行过程,不能随意变动。相关部门要对文件落实情况进行必要的检查。假如发生特殊情况阻碍教学计划的正常实施,可向教研室(组)申诉,有关领导应考虑具体情况,对教学文件进行及时调整,从而使教学实际的需要得到满足。

(四)教学文件的分类与整理

体育教学文件的分类整理是对高校体育课堂教学文件的后续管理,将各类教学文件进行分类整理并存档保管,以备日后的查询、参考与研究。

三、体育教学的教务管理

体育教学的教务管理主要是由学校的教务部门统一实施的,这一管理过程需要体育教研室的主动配合。一般来说,体育教学教务管理的步骤主要包括以下几个方面。

(一)编班

编班在体育教学中具有重要的地位,它是教学管理的重要内容之一。在具体编班的过程中,应与每名学生的具体实际相结合,同时要注意以下两点:首先,我国学校主要采用混合编班的形式。在混合编班的过程中,学校应尽可能地将各班体育基础程度不同的学生比例安排好,从而保证其共同发展。其次,编班过程中要重视不同学生的合理搭配,从而保证体育教学活动的顺利开展。

(二)安排课表

在安排体育课表时,为了保证课程安排的可行性和合理性,需要注意以下几个方面:①体育教学主要是以肢体活动为主要内容的教学活动,需要学生在活动中保持较高的注意力。因此,在安排体育课表时,将体育课安排在上午第三节课以后或下午为宜。②保持同一个班每周各次体育课之间的间隔时间在合理范围内。③如果教学进度相同或者内容一致,可安排不同班级统一上课,但要有效控制一次课程的教学人数。④要有效地布置和使用器材,使用过程中要重视对器材的保养。

(三)课堂教学控制

课堂教学控制应以学生的健康发展为中心指导思想,充分考虑体育教学的客观环境与条件。例如体育课堂教学文件的制定对体育教学实践起着积极的导向作用。然而,在体育教学实践中,已制订的教学计划常常与教学实际情况产生矛盾,这就要求体育教师在教学过程中及时发现问题,妥善处理体育课堂教学中的各种矛盾,以保证体育课堂教学活动顺利开展。

四、体育课堂教学过程管理

(一)课前备课管理

1.体育教师的备课管理

体育教师在备课时,要做好以下工作。

第一,仔细钻研教材。教材是体育教师授课的主要依据。因此,体育教师要善于钻研教材。仔细研究体育教学大纲(课程标准),根据体育教学目标及各单元、本节课的具体教学目标来领会教学的基本要求,把握教材的体系范围与深度。在此基础上,研究教材的重点与难点以及其前后的联系,做好总结工作。

第二，深入了解学生。体育课堂教学的目的是促进学生身体素质的发展，要实现这一目的，体育课堂教学活动就必须切合学生的实际。因而，体育教师要全面了解学生的知识基础、身体健康状况、认知能力、运动能力水平以及学习态度、兴趣需要及个性特征。

第三，合理组织教法。教学方法是体育教师完成课堂教学任务的重要手段，在体育课堂教学过程中，体育教师要根据教材性质、教学任务的要求以及学生的情况、场地器材条件，确定体育教学活动的类型和结构，并据此选择和设计合理的课堂教学方法。

第四，认真编写教案。教案也就是课时计划，它是教师进行课堂教学的直接依据。教师在编写教案时，应重视保证教案的可行性和质量。

第五，充分准备场地、器材。场地和器材是辅助完成体育教学必要的物质条件，是上好体育课的物质保证。在进行体育课教学前，教师要自己或组织学生帮忙准备好场地、器材，并合理规划场地和布置器材。

2. 学校教学管理者的备课管理监督

第一，对教师备课提出具体要求，如教案规范、详略程度等。

第二，定期或不定期对体育教师的教案进行评比，或者可以组织一定的集体备课来提高教师备课的规范性。

(二)课堂教学管理

体育课堂教学的授课管理同样需要从体育教师和体育教学管理者两个方面入手，以保证体育课堂教学的顺利进行。

1. 体育教师的授课管理

在体育课堂教学中，教师既是体育课的教学者，又是管理者，因而教师的授课管理直接影响体育课程的质量。体育课堂教学以集中学生进行教学为主，众多学生在体育教师的组织安排下学习，所以对教学课的组织管理有一定要求。

2. 学校教学管理者的授课管理支持

上课是教师教学和学生接受知识最为重要的形式，高校管理者应给予体育教师一定的支持，从而为体育教师顺利地完成授课管理起到积极的促进作用。

第一，高校相关部门要对体育课程的教学给予与其他文化课程一样的关心与支持，并提出相关的要求。

第二，高校相关部门及领导应积极主动地深入课堂，充分了解体育教师的教学情况，进一步加大对体育课的检查与督导力度。同时，应积极组织一定数量的示范课、公开课、研究课等多种课型，并对其进行积极探讨。

第三，高校要尽可能为体育课提供必要的条件，为体育教师及时解决教学过程中产生的各种问题提供相应的帮助，从而为体育教师创造良好的教学环境，促进教学水平的提高。

(三)课后教学管理

课后教学管理包括以下内容：首先，按时下课，在教学课结束后，体育教师应做好本次课的总结工作(体育实践课中帮助学生做好整理活动)，让学生展开讨论，根据学生的意见和建议，有针对性地安排好下一次课。其次，组织学生收回器材、整理场地。在整理体育器材的过程中，应分门别类放置器材。

(四)教学考核管理

教学质量的提高与加强体育教学考核有着不可分割的重要联系，高校体育课成绩的考核管理主要包括以下两个方面。

1.体育教师对体育课成绩考核的管理

高校体育教师对学生体育课成绩考核的管理工作主要包括三个方面的内容。第一，体育教师应以学校和体育教研室及有关机构的要求为主要依据，认真组织体育课成绩考核的实施。第二，体育教师应熟练掌握成绩考核的办法与标准，公平、公正、合理地开展学生的实际测评。第三，体育教师在体育课成绩考核结束后，应尽快做好学生成绩的登记工作，并按规定程序将成绩上报给学校的教研室及相关部门。

2.体育教研室(组)对体育课成绩考核的管理

高校体育教研室(组)对学生体育课成绩考核的管理主要依据体育教学大纲和教学计划的相关规定，通过与学生的实际情况相结合而进行。

(五)意外伤害事故管理

在体育教学中,身体实践活动所占比例较大,意外事故时有发生。因此,切实做好学生意外伤害事故的管理工作十分必要。

1.体育教师的课堂事故管理

第一,合理组织教学过程,尽量避免学生发生意外伤害事故。

第二,针对轻伤者,应及时送往医务室治疗,在课堂教学中受重伤或危及生命的应立即转送医院抢救。

第三,发生重大的意外伤害事故时,应立即通知家长、学校领导和当地派出所或有关部门。

第四,对于意外伤害事故,教师应详细汇报伤害事故发生的时间、地点、原因、后果与处理措施等具体情况,必要时保留人证和物证。

2.学校的体育教学事故预防及处理

第一,学校要根据国家和教育部门的相关规定,确保教育教学训练的设施、设备符合安全标准。

第二,学校要监督教师履行职责,根据实际情况采取必要的措施。

第三,学校要根据学生的具体情况,建立健全各项管理和保护学生安全的规章制度,活动场所和设施应当符合安全标准。

第四,学校应做好教学活动安全的检查工作,尽早消除危险因素。

第二节　课外体育活动的管理

一、课外体育活动概述

课外体育活动是指课前、课间和课后在校内进行的,以全体学生为对象,以促进学生的生长发育,增进学生健康,满足广大学生多种身心需要为目的的体育锻炼活动。

课外体育活动的主要目的是促进学生全面发展。具体来说,课外体育活动能够促进学生身体、心理和社会适应能力的和谐发展,主要是开展各类保健操、健身活动。

二、课外体育活动的管理准备

(一)制订活动计划

第一,全校性体育活动计划。制订全校性体育活动计划前,应由体育教研室或体育教研组总结过去的经验,广泛听取多方意见,然后上报学校主管领导批准。全校性体育活动计划以学年或学期为单位制订,主要内容包括体育课外活动的指导思想与目标,早操、课间操、大课间活动、年级活动、班级活动和体育俱乐部的具体活动形式、内容及管理等。

第二,年级体育活动计划。年级体育活动计划的制订要依据学校体育课外活动计划以及本年级学生身心发展的特点、体育基础、运动水平等,合理安排适合学生特点的体育课外活动。

第三,班级体育活动计划。班级体育活动计划应在班主任、体育教师的指导下,由班级体育委员在征求全班学生的意见和建议后制订,计划内容应包括活动的目标、内容和形式、时间、场地、器材等。

第四,俱乐部体育活动计划。俱乐部体育活动计划应有专人负责,如负责活动指导的教师,由于俱乐部承担着多种任务,而俱乐部活动计划相对复杂些,因此需要管理者做到统筹兼顾。

第五,小团体及个人体育活动计划。小团体活动计划自由度高,因此在制订活动计划时比较困难,尤其是针对一些不稳定的团体组织,更不可能制订详细可靠的计划。因此,活动计划仅供方向上的参考,具体体育活动过程应灵活处理。

(二)建立管理规范

根据学校体育课外活动的计划,由主管校长牵头,召集相关部门将体育活动管理制度纳入学校作息时间进行规范管理,同时建立与之配套的工作规范。

(三)明确管理职责

第一,校领导的管理职责。校领导应鼓励学生积极投身体育锻炼活动,同时也可以主动参与活动,亲身体验了解体育课外活动的开展情况,以发现问题并解决问题。

第二,体育教师的管理职责。体育教师应组织安排全校晨操、课间操、大课间活动等的内容,并协助班主任组织好所带年级的活动等。

第三,学生干部的管理职责。在体育课外活动管理中,学生干部起着重要的组织管理和带头作用。因此,学生干部应以身作则,组织并带动全体学生积极、主动地参加课外体育活动。

三、课外体育活动内容的管理

课外体育活动的内容主要包括早操、课间操、班级体育锻炼,以及体育节、节假日体育等。因此,学校课余体育训练管理主要是对上述体育活动内容的管理。

(一)早操、课间操

对学生的课间操、早操的管理与组织应依照学校的实际情况而定。具体来说,主要包括以下几方面的管理工作。

①项目管理。在课间操、早操的项目内容的确定上,学校可运用统一安排和自选相结合的方法进行管理。②器材管理。在课间操、早操的场地器材的安排上,学校可运用集体与分散相结合的方法进行管理。③人员管理。现阶段,学校主要是运用学生干部、班主任、体育教师相配合的方法进行管理。在管理上,班主任、任课教师应互相密切配合;要注重发挥学生干部的作用;要做好课间操、体操的宣传教育工作,使学生充分认识"两操"的重要作用,并将做操当成一种自觉行为。④活动效果管理。为了提高课间操、早操的活动效果,可运用平时考勤与抽查评比相结合的方法进行管理。另外,还可借由会操表演、运动会等方式提高课间操、早操的管理质量。

(二)个人体育活动

针对学生的个人体育活动,体育教师应尽可能地配合,通过指导、咨询、协调等形式介入,鼓励、启发学生有计划地进行体育锻炼,并持之以恒地坚持锻炼。此外,体育教师应耐心引导、启发学生根据班级课外体育活动计划,结合学生个人的实际情况,有针对性地做出具体的体育活动计划安排。

(三)班级体育活动

班级体育活动是以班级为单位分成若干小组的方式来进行的,这些小组在班干部和小组长的带领下开展具体的体育训练活动。由于班级体育锻炼对时间、内容、组织和生理负荷等方面都提出了许多要求,所以学校在进行班级体育训练的管理时,在训练内容的选择上,可将训练与体育课堂教学内容结合起来,以"标准"为中心选择具体的项目开展锻炼。

(四)年级体育活动

针对学校年级课外体育活动的管理,要充分考虑学校课外体育活动的计划以及本年级学生身心发展、体育基础、运动水平等特点,以保证年级课外体育活动的组织和实施适合本年级学生的特点和需求,科学开展。年级体育课外活动的实施方案应由年级体育教师会同年级主任和各班班主任协商编制后实施。

(五)体育俱乐部活动

校园内的体育俱乐部活动是近几年颇为流行的体育课外活动组织形式,学生可依据自身体育特长和兴趣爱好自愿加入。一般来说,学校体育俱乐部通常由学校根据自身场地设备、师资力量、体育传统优势等因素筹建。

(六)校园体育活动

校园体育活动主要包括学校结合本校的实际情况所举办的"体育节"等相关体育活动,常见的活动有体育专题报告、体育讲座、体育知识竞赛、体育表演、运动会、体育游戏等。

第三节　课余体育训练的管理

课余体育训练是为竞技体育培养后备人才的一种体育教育过程,目的是发展具有体育特长的学生的体能和身心素质,提高他们某项运动的技术水平,主要在课余时间安排训练。

一、课余体育训练目标

第一,提高学生对体育运动的认识,使其掌握一些专项技术与非专项技战术和知识。

第二,促进身体的正常发育,提高各系统器官的功能,发展体能。

第三,培养学生良好的体育道德作风和顽强的意志品质,为进一步的专项运动训练打下身体、心理、技术、战术和思想品质的良好基础。

第四,课余体育训练要使学生运动员在各类比赛中发挥最佳运动水平,创造优异成绩。

第五,为提高运动技术水平、输送优秀体育后备人才以及培养群众性体育骨干服务。

二、课余体育训练形式

(一)学校运动队

学校运动队是课余体育训练最富有活力的训练组织之一,主要有班级代表队、年级代表队以及学校代表队等。

学校运动队代表本校参加各种级别的比赛,提高运动水平。而在训练队的学生与本校其他学生又是紧密联系的,这使得学校运动队在普及体育运动知识和技术、促进学校课外体育活动开展等方面也能够起到积极的作用。学校运动队特别注重选材,主要挑选学习努力、身体健康,并且有一定运动专长或具有培养条件的学生。

(二)体育特长班

体育特长班是针对有运动天赋的学生进行特殊培训而形成的课余体育训练形式。体育特长班由学校组织教师或教练员,招收本校或周边学校中有一定体育特长的学生来进行课余体育训练。一般来说,体育特长班采用自愿、业余的方式,有的学校会采用有偿训练的方式。

(三)体育俱乐部

体育俱乐部是在新的时代背景下产生的一种新的课余体育训练的组织形式。随着高校体育改革的不断深入,课外体育活动越来越丰富多彩,为了满足学生的需要,高校组成了各种形式的体育俱乐部,其中一些体育俱乐部带有运动训练性质,于是成为新型的学校课余体育训练形式。

三、课余体育训练的管理过程

课余体育训练的管理过程涉及运动队组建、训练计划的制订、训练内容的确定、训练方法的运用以及训练效果的评价等。

(一)组建校运动队

1.确定训练项目

学校课余体育训练运动队组建需先确定训练项目,否则后续工作难以开展。从实际情况出发是确定训练项目需考虑的重要问题。一般来说,刚开始建立运动队的学校可先集中精力从一两个项目开始训练。而对运动队进行扩充和提高,应以提高运动员的运动水平为基础,以实际情况为依据。

2.选拔运动员

在体育训练开始前,对运动员的选拔可参照竞技体育运动员选材的步骤,并按照运动项目的特点和要求来进行;要对部分学生进行各种能力与相关因素的测试,还要进行较长时间的考察。学校课余体育训练选拔运动员常用的测试指标包括身体形态指标、生理机能指标、身体素质指标。此外,还要考虑遗传、年龄、运动素质发展的敏感期、心理素质、家庭与社会在过去和未来对学生的影响等因素。

3.选择指导教师

体育训练的指导教师可以由本校的体育教师担任,其他有体育专长的教师也在选择之列。条件较好的学校可以聘请业余体校的教练或体育俱乐部的教练。由于学校课余体育训练的对象是学生,而学生不仅有自己的生物属性,也存在一定的社会属性,因此指导教师应具备一定的哲学、体育教育学、体育社会学等社会学科知识。

4.建立规章制度

建立学校课余体育训练规章制度,要从学校教育规律和课余体育训练的特点出发。一般来说,需要建立的规章制度主要有以下几种:①训练制度。规定每周、每次的训练时间和要求,建立严格的训练作息制度。②奖惩制度。根据学生的学习情况采取一些应对措施,如对运动成绩和学习成绩都达到优秀的参训学生给予物质奖励或精神奖励;对两门课程不及格的学生运动员,应停止其训练,待其补考及格后才能继续参加训练。③比赛制度。主要包括对遵守纪律、服从裁判、尊重观众、团结一致、顽强拼搏、赛出风格、赛出水平等方面的具体要求。④教练员责任制度。该制度的建立能使教练员具有高度的责任感,要求教师对学生的训练、学习、生活、思想等方面全面负责,保证训练工作的正常进行。⑤学习检查制度。给每个参训学生建立训练档案(包括运动员档案卡和运动员登记表),并做好运动队的工作日记,关注学生的情绪变化和学习情况,保证参训学生始终保持良好的训练状态。

(二)制订训练计划

课余训练计划是课余体育训练顺利进行和训练效果得到提高的重要保证,学校课余体育训练计划及其内容如下。

1.年度训练计划

年度训练计划的具体内容包括:①上一年度训练情况和本年度的训练目标;②学生身体素质、技战术心理训练及训练指标和要求;③全年训练阶段划分,各时期训练比重与内容及负荷安排;④全年比赛的时间安排;⑤检查评定训练效果的时间与方法等。

2.阶段训练计划

阶段训练计划的具体内容包括:①阶段训练内容;②各阶段主要训练手段的选择和负荷量;③各阶段训练过程应切合学生实际。

3.周训练计划

周训练计划的具体内容包括:①周训练目标与要求;②周训练次数与

时间;③每次训练课的内容和负荷、测验和比赛等。

4.课时训练计划

课时训练计划的具体内容包括:①训练课的目标与要求;②训练课的组织形式;③训练课的内容与手段;④训练课的时间与负荷安排等。

(三)安排训练内容

1.身体训练

通常情况下,可以将身体训练分为两种类型,一种是一般身体训练,另一种是专项身体训练。这些对身体各方面素质的提高都有很重要的作用。由于学生训练的水平有所差异,因此就要求分别对待,初学者或者运动水平不高的学生要以一般训练为主,水平较高或参加了多年系统训练的学生则以专项身体训练为主。

2.技术训练

技术训练具体是指学习、掌握和提高运动技术的训练过程。技术是充分发挥运动员身体能力的条件,是发挥战术作用的基础,只有掌握娴熟的技术,才能够创造优异的成绩。学校课余体育训练中,技术训练包括基本技术训练和高难度技术训练两方面。基本技术是掌握高难度技术的基础,因而在训练中应予以重视。高难度技术训练是专项运动技术中难度较大、比较复杂和要求较高的一些动作训练。

3.战术训练

战术训练的基础是一定的身体训练和技术训练。一般来说,可以将战术训练分为两个方面,即一般战术训练和专项战术训练。在高校体育训练中,战术训练以一般战术训练为主。战术训练以意识的培养为重点。因此,要指导学生熟悉并掌握运动项目的基本规则和战术的基本内容,为学生了解技术和战术变化的基本规律提供一定的基础,使学生熟悉战术的变化,从而进一步提高其战术的运用能力。

4.心理训练

心理训练是课余体育训练的重要内容之一,进行心理训练要考虑学生的不同年龄、性别、训练水平等实际情况,使学生的心理调控能力得到培养,提高其对复杂比赛环境的适应性,以获得优异的成绩。

5.品德与作风训练

品德与作风是一个人综合素质的体现,课余体育训练的重要目标之一,将学生培养成全面、完整的人,离不开品德与作风方面的训练。在训练过程中开展爱国主义和集体主义教育,培养学生良好的意志品质和团结协作精神,使其尊重同伴和对手,形成胜不骄、败不馁的体育道德风尚。

(四)选用训练方法

正确的训练方法是体育课余训练获得理想训练效果的重要保证。合理运用训练法必须结合项目特点合理安排负荷,在内容和形式的选择上做到与学生特点切合,同时要明确训练目的与任务,及时纠正学生的错误动作。各种训练方法有自己的特点和作用,因而在应用时一定要从实际出发,做到灵活性和创新性相结合。

(五)评价训练效果

对课余体育训练进行评价是课余体育训练管理的重要方面,这样有利于体育教师了解训练成绩和效果,总结经验并监控训练过程,保证课余体育训练的科学性。训练效果的评价主要从身体素质水平、技战术训练水平、运动成绩以及运动员输送率等方面得到体现。

第八章　高校体育文化管理

第一节　高校体育文化的内涵

一、高校体育文化的结构

在高校体育文化结构中,校园体育精神文化蕴含着文化主体的认知成分、情感成分、价值成分、理想成分,其中的体育观念、体育精神又是高校体育文化活动中最活跃的因素,决定着高校体育文化的行为表现效果,决定着高校体育文化传统的形成和文化走向,体现着文化主体的主观愿望和文化品位。因此,高校体育文化精神的培养、塑造和传承将是高校体育文化建设的核心和难点。

二、高校体育文化的内容

体育文化的物质、精神、制度和行为文化层面虽各有重点,但在特定系统中可融为一个有机整体。体育文化各层次之间既有联系又有区别,各层次间相互依存、渗透、制约和推动,由内而外共同构成一个有机整体。

(一)高校体育精神文化的内容

高校体育精神文化形态是高校体育文化的灵魂所在。高校体育精神文化形态主要反映在体育的价值观念、体育的态度、道德风尚、知识等方面,涉及学生的理想追求、观念转变、道德修养、人格塑造、行为自律、纪律约束等各个方面。它一经形成,就成为校园的向心力和凝聚力,具有明确的指向性,影响和规范每个学生的思想和行动,决定他们的价值取向和思想品质的形成,并成为激励学生奋发向上的精神力量。

（二）高校体育制度文化的内容

高校体育制度文化是指在体育教学、娱乐、竞赛等活动中要求学生共同遵守的规程、行动准则等文化体系。它是在高校体育教学实践中形成和发展起来，并通过条文固定下来的，它具有高度的科学性、权威性、概括性和规范性等基本特征，它是衡量教学质量、运动水平的主要标志，它能引导学生在约定的规则下进行体育比赛和竞争较量，有利于培养学生遵章守纪的行为习惯。

（三）高校体育行为文化的内容

高校体育行为文化形态是高校体育文化的活动表现，主要体现为高校的体育习惯、体育风气、体育传统、体育方式、体育活动质量和体育流向，以及高校体育在学校各项活动中的地位等。学生在行为文化下建立良好的师生关系和生生关系，相互尊重，团结友爱，积极向上，培养一个良好的体育集体，创造一个良好的人际氛围。

（四）高校体育物质文化的内容

高校体育物质文化层面包含校园内的体育建筑、雕塑、场地、器材等，既是高校体育意识文化的载体，也是学生进行体育锻炼不可或缺的物质基础，更是高校体育文化建设的前提。因此，必须加强高校体育物质文化建设。

三、高校体育文化的功能

（一）健身功能

高校体育文化能增进人的健康，具有健身功能。这是因为体育活动是高校体育文化的主要形式，通过多种形式体现的高校体育文化在促进师生员工身心健康方面起着重要作用。首先，体育活动能改善并提高中枢神经系统功能，使人头脑清醒、思维敏捷。其次，体育活动能促进内脏器官生长发育，塑造健美体形，进而提高人的劳动效能和运动能力。最后，体育活动能使人朝气蓬勃、充满活力、生活愉快、精神健康，消除不良情绪和心理状态，使人性格豁达，进而提高适应环境的能力和对疾病的抵抗能力，达到延年益寿的效果。所以，良好的高校体育文化能有效促进师生员工身心健康发展。

(二)教育功能

高校体育文化的教育功能主要表现在它的潜移默化、耳濡目染、暗示性和渗透性。这种教育形式是在具体可感的体育活动中，通过统一的规则、规范的行为、严密的组织和一些约定俗成的规定，使参与者和观赏者自觉或不自觉地接受高校体育文化的教育，并逐步内化为行为、习惯、意识的教育过程。另外，高校体育文化教育能消除一些正面教育所引起的逆反心理，收到有些正面教育所不能收到的效果。总之，高校体育文化所产生的效应，无疑会使学校成员自觉地将自己与学校融为一体，形成强烈的责任感和使命感，产生激励、进取、令人振奋、催人向上的教育力量。

(三)娱乐功能

高等教育既要重视教化功能，也要重视教诲与娱乐，让师生在紧张的工作学习之余，脑力、体力、心理得到放松与调适，以适应和胜任繁重的学习和工作任务。高校体育文化在这方面起到了不可替代的作用。丰富的高校体育文化内容，无论是竞技运动项目还是休闲运动项目，无论是高水平比赛还是大众水平的练习，普遍带有浓厚的娱乐色彩，正迎合高校师生员工的生理、心理特点和文化需求。在这些活动中，师生暂时忘掉工作和学习的烦恼，焦虑和紧张等心理压力得到缓解和释放，进而获得精神愉悦与自由，保持乐观的情绪。同时，还能通过这些体育文化活动达到陶冶情操、净化心灵、享受生活乐趣的目的，有利于人们身心和谐、健康发展。

(四)导向功能

高校体育文化是高校师生体育价值取向的引导者。高校体育文化建设应体现国家与广大师生利益的一致性。高校体育文化的内容、形式以及所构成的文化氛围深刻影响着学生的体育思想、行为以及体育生活方式，它是一种客观、实际的环境力量，对人们的体育行为起着制约和规范作用。所以，一旦形成，就会成为一股巨大的导向力量。尤其对于高校的青年学生而言，他们的世界观、人生观、价值观和审美观尚处于逐步成熟阶段，特别需要正确的引导。

(五)经济功能

高校体育文化的经济功能以往常会被忽略，如今随着市场经济的发展,其经济功能越发显示出影响力,并发挥着越来越重要的作用。具体体现在两个方面。

1. 发挥高校体育物质文化固有的作用

高校的体育场馆、训练设施、科研仪器,除了满足日常的教学、训练、科研的需要外,课余时间也可以进行"出租""转让",既对校园人员开放,又部分地向社会开放,如承办各种国内外体育比赛,接纳歌舞戏曲表演,举办展览会或展销会,播放电影、录像等,以提高场馆的利用率,既为校园人员提供娱乐、健身的场所,又能带来可观的经济效益。

2. 调动体育专业师生的主观能动性

体育专业师生可利用自身专业特点和运动技术特长,在校内外举办或联办各种类型的培训班(如健美操、武术、拳击、散打等培训班)或体育卫生知识讲座、体育保健营养咨询,不但能提高体育专业师生的社会价值,而且又能带来一定的经济价值。

第二节　高校体育文化的管理与构建

一、高校体育文化管理策略

(一)明理策略

明理策略是管理高校体育精神文化体系的策略,以培育和组织共同的价值观。体育精神文化管理过程是在充分成熟的文化事实基础上,寻找学校教育哲学的过程,是高校体育文化理念化的过程,一所高校的体育核心价值观是相对稳定的,随着社会的进步,体育文化价值体系可以根据环境变化进行调整和重新定位。寻找教育哲学需要时间和智慧,找到本校的体育精神、文化精髓所在后,围绕这个体系使其逻辑顺畅、合理。有的高校把"育人夺标"作为明理精髓,有的高校把体育与人文相结合,都是教育哲学的体现。追求体育文化理念的过程是体育精神浓缩及高校体育文化定位管理的探索过程。

(二)善人策略

善人策略是一种以促进高校体育教师和学生发展为本的行为文化管

理策略。这是塑造体育教师和学生文化的过程，也是在整个体育教育过程中贯彻和积淀学校体育核心价值观的过程。高校可根据体育教师的工作时间和专业发展程度进行分类培养。在学校体育文化管理和建设方案中，可根据需要制订体育教师专业发展总体规划，如年轻教师培养、教学骨干教师培养、年长教师培养等。

(三)治事策略

治事策略是高校根据实际情况进行制度建设，包括组织设计、制度安排等方面。高校的组织设计是其正常运转的基础，每一种组织设计都有它的适用条件，应该根据条件进行选择。高校体育文化的管理可以采用统一原则设置，职能系统按照专业化原理设置，这种设置智慧统一、职责明确、效率高。

二、高校体育文化构建的原则

(一)主体性原则

高校体育文化建设要遵循主体性原则，也就是要遵循"以人为本"的原则。学生是高校体育文化的创造者和受益者。因此，高校体育文化建设理应围绕着学生这个主体来进行。现代教育理念已经从过往的单一向学生教授某项技能或知识向全面的素质型教育转移，新型的素质教育更加注重对学生全面性和社会适应力方面的培养，即培养出德、智、体、美、劳全面发展的综合型人才。

(二)与时俱进原则

事物都是处在不断发展变化中的，人的思想变化带来新鲜事物的频繁出现，必定会影响整个社会的变革。因此，文化也在这种变化中逐渐发生改变。尽管文化是时代的产物，每种文化都有其相对固定的一面，但总体上看，几乎所有文化在面对社会变革的时候也会发生或多或少的改变。

(三)统筹协调原则

高校体育文化包含的内容较多，因此它的建设是一个系统工程，要做到多方面统筹兼顾、相互协调。只有做到这些才能合理建设高校体育文化，才能使建设过程有序、顺利，才能够得到文化主体的赞许。

三、高校体育文化构建的要求

(一)物质文化建设要安全、实用

1. 安全性

健康体育有许多理念,其中安全是最基本的理念。在学校体育活动中,有时会发生安全事故,这与安全这一基本的理念是相违背的,所以在进行高校体育物质文化建设时要对安全性进行特别强调,要经常检查体育场地与器材等,年久的器材与不符合标准的器材要及时更换,确保学生的安全。

2. 实用性

许多学校的体育场地和器材较为短缺,所以在修建体育场地、购买体育器材时,要注意器材与场地的实用性,主要准则是最大限度地满足学生的体育需求。

(二)组织形式要多样化

建设高校体育文化需要与时代发展的要求相适应。目前,学校开展的校园体育活动主要有运动会、体育课、课间操等,而高校体育文化发展必然要求学校组织丰富多样的体育活动,确保其具有健康的体育内容和娱乐性。所以,多元化发展道路是高校体育文化建设的主要方向,多元化发展主要通过多样化的组织形式体现。多样化的组织能让学生有更多的选择空间。同时,只有多元化的组织形式才能满足学生高校体育需求,使学生更积极地参加体育锻炼活动。

(三)内容要具有娱乐性和健康性

1. 娱乐性

学生的学习负担很重,压力也很大,因此精神上就会受到影响,如果经常处于紧张状态,学生就无法拥有健康的身体。而高校体育文化的娱乐性能够使学生消除紧张的心理,放松身心。学生只有参加了丰富多彩的娱乐活动,才能获得精神上的愉悦和享受,才能处于积极乐观的状态,在轻松愉悦的氛围下生活才能有利于学生的成长,才能提高学生学习的效率。

2.健康性

建设高校体育文化要以"健康第一"为主题。一方面,学生正处于身体发育的关键与最佳时期,积极参加体育锻炼能够加快学生身体发育的进程,使学生拥有一个健康的身体。校园体育文化的建设要为学生营造一个健康的体育锻炼环境,这主要体现在以下几点:①有良好的体育物质文化;②有专业的体育教师指导;③有健全的校园体育健身模式;④有浓厚的校园体育文化氛围。

(四)要持之以恒

学生要掌握体育技能、提高体育意识、树立正确的体育观,需要持之以恒地接受体育教育并参加体育锻炼,短时间内不可能全部实现,也难以达到较高的水平。因此,高校体育文化需要长期对学生进行坚持不懈、潜移默化的引导和宣传。

第三节 高校体育文化的建设

一、高校体育文化精神建设

体育精神是一种内在的精神力量,体育精神存在于高校体育活动的方方面面。在信息社会,信息技术的应用使得信息传递速度加快,也为体育精神的传递增添了新的活力。

(一)对高校体育精神的认识

体育精神是一种文化意识形态,是通过体育运动而形成并集中体现出人类的力量、智慧与进取心理等积极意识的总和,是体育运动的最高级产物。体育精神的展现是运动技能、技巧和多种优秀心理品质作用于身体运动之后的升华。

(二)高校体育精神建设的途径分析

1.营造良好的体育文化氛围,发挥体育精神内隐式教育的作用

体育精神是社会文化的一种,体育精神对人的影响是潜在式的,能在无声无息中形成一种渗透力量,大学生所受体育精神的影响不仅发生在

体育课程中,而且发生在其日常生活中。对于大学生而言,处于一种良好的体育文化氛围中,能够激发大学生主动锻炼的自觉性,培养他们对体育的热爱,让大学生在体育锻炼中获得情感和精神的升华,进而达到文化教育的目的。

2.创新教学方法,将体育精神内化为自觉意识与行为

布卢姆将教育目标划分为认知、情感、动作逐步递进的三个层次。他认为教育目标的最高水准是将体育活动视为自身价值的体现,体育精神可通过体育活动内化为人的情感,指导人的行动,成为人的精神支撑。因此,体育教育的方法需进一步完善,可在体育教育活动中激发大学生的学习热情,让其主动感悟生活。从目前情况看,体育精神主要在体育活动中得到体现。

3.构建体育活动价值体系,彰显体育精神价值

体育精神在大量体育活动中得以体现,其表现形式较为抽象,所以大学生在把握体育精神时需注意区分。体育精神能够在体育活动中得到体现,因此细化体育精神并将其与体育活动结合,是一种较为可行的方式。

二、高校体育文化物质建设

高校体育文化是校园文化和体育文化的交叉,是指在学校这一特定的环境里,全校师生在体育教学、课外锻炼、群体竞赛、场馆设施建设等活动中共同创造的物质财富和精神财富的总和。校园体育物质文化是人们通过感官可以感受到的一切物质性对象的总和,是在高校体育发展过程中积累下来的外在物化形式的统称,它包含体育场馆、体育设施、体育器材、体育雕塑、体育宣传设施等。可以说,校园体育物质文化建设是高等教育人才培养过程中的重要组成部分。

(一)改变观念,加大高校体育物质文化建设力度

各类高校应根据自身的实际情况加大校园体育物质文化建设的力度。这不仅仅是要加强体育硬件设施建设,而且还要挖掘硬件设施中蕴含的人文价值。体育场馆、塑像、宣传栏等物质载体本身就是一种文化现象,它凝聚着人类的智慧,体现着人类的价值观,这些外在物质实体所承

载的文化内涵对学生的思想起到了良好的陶冶作用。

(二)实现多元化发展,使社会效益与经济效益有机结合

高校应向广大师生员工提供充足的体育活动场地和设施,以便使他们拥有健康的身体、旺盛的精力和良好的健身习惯,更好地投入教学和学习中。这样健康向上的学生毕业后,走向社会和工作岗位,不但会对社会作出更大的贡献,而且会提升高校的声誉,吸引更多的优秀人才到高校中来。在此基础上,在课余时间将闲置的体育场地通过有偿服务的方式面向社会开放,吸纳一部分资金用于维护和管理场地,可以有效地缓解体育经费不足带来的压力,实现社会效益与经济效益相结合的目的。

三、高校体育文化制度建设

(一)高校体育文化制度建设的必要性

建设健康向上的高校体育文化,不仅是高校校园文化建设的需要,同时对提高大学生的体育文化素质、增强体质,培养终身体育思想,对促进体育和校园精神文明建设都具有积极的作用,是值得高校工作者探讨和研究的课题。近几年来,随着高校体育地位的逐步提高,高校校园体育文化建设也随着师生重视度的提高而有了长足的进步。高校开展了形式多样的体育文化活动,使学生参与的积极性有了很大提高,不仅促进了学生身心的健康发展,而且对培养学生的体育意识和运动能力起到了积极的作用。

(二)学校内部管理机制具体的建议

学校管理是一项复杂的系统工作,需要调动一切可以运用的资源,构建全方位的保障机制,保证体育管理的质量。

1.树立以"健康"为主导的高校体育文化思想

学校体育工作者和管理者应该认识到建设校园体育文化是高校工作的重要组成部分,而拓宽学生的体育文化视野,培养积极健康的体育精神是学校体育工作者和管理者义不容辞的职责。

2.加强体育管理组织体系的建设

加强体育管理组织体系的建设应从两个方面予以考虑。一是建立学

校体育管理与外部环境的联合机制,主要包括与校外单位和校内非体育部门组成具有协调配合职能的组织机构,对高校体育工作从宏观上进行有效协调。二是建立结构合理、层次清晰、高效有序的高校体育管理执行机构,细化高校体育管理各组成部分,实现科学有序管理。

3.充分发挥学生在校园体育文化中的主体作用

要想充分发挥学生在校园体育文化中的主体作用就必须以学生为中心,开展相应的体育文化活动。高校的体育活动应该保证体育活动项目多样化和体育活动生活化,根据学生的特点,体育活动的形式可以小型化,并实现不同人群体育活动的差异化。

4.积极开展高校体育竞赛活动

高校通过开设高水平的传统体育项目,形成有自己特色的体育传统,这样才能提高学校体育的影响力,适应21世纪高校的发展潮流。高校还要结合本校的实际状况,开展校内的体育竞赛活动,组织广大师生参与体育竞赛活动,将极大地改善高校的体育文化环境。

5.规范体育俱乐部的组织管理

高校应将体育俱乐部作为一项专项工作来组织。体育俱乐部的组建并不会削弱体育课的基础地位,体育俱乐部应由学校管理人员、专业教师和学生共同管理和运行,体育俱乐部不能成为一个休闲娱乐组织,而是具有具体管理职责和任务的全校性官方的组织,参加体育运动的教师和学生要进行备案,相应的档案资料要作为师生的考评资料。

6.提高高校体育设施的利用率

高校应建立良好的体育场馆和设施的经营和管理体系,必须重新对传统的封闭的经营方式进行改进,引进先进的管理模式及经营方式,并对社会实行有偿开放。高校应调整体育场馆的经营模式,减少微观上的政策干预,调节有关部门之间的经济关系,调动体育场馆的管理人员的积极性,以此提高高校体育场馆的利用率以及服务水平。

参考文献

[1]黄义强,喻龙,傅锦涛.现代体育教学创新与运动训练发展研究[M].长春:吉林摄影出版社,2024.

[2]吴佐,刘翀,刘昱材.体教融合下高校体育教学创新研究[M].长春:吉林科学技术出版社,2023.

[3]吴鹏,马可,李晓明.高校体育教学多种模式研究[M].延吉:延边大学出版社,2023.

[4]刘勇.高校体育教学创新和管理创新[M].长春:吉林科学技术出版社,2023.

[5]陈海东.高校体育教学管理研究[M].长春:吉林出版集团股份有限公司,2023.

[6]张海,陈彦泽,柳金丽.高校体育教学改革与信息化管理研究[M].长春:吉林出版集团股份有限公司,2023.

[7]刘卫国,郝传龙,陈星全.高校体育教学方法实践探索研究[M].长春:吉林出版集团股份有限公司,2022.

[8]魏小芳,丁鼎.高校体育教学管理改革与模式构建探索[M].长春:吉林人民出版社,2022.

[9]范蒙蒙.高校体育教学与管理研究[M].北京:经济管理出版社,2022.

[10]朱冀.高校体育教学管理研究[M].长春:吉林人民出版社,2022.

[11]王丽丽,许波,李清瑶.教育技术在高校体育教学中的实践探索[M].长春:吉林人民出版社,2021.

[12]张琴丽,丰文宇,张林.高校体育教学与管理模式创新[M].长春:吉林出版集团股份有限公司,2021.

[13]张京杭.高校体育教学方法实践探索[M].北京:现代出版社,2020.

[14]谢明.高校体育教育理论探索与实务研究[M].长春:吉林人民出版社,2020.

[15]吴广,冯强,冯聪.高校体育管理体制与教学改革研究[M].北京:研究出版社,2020.

[16]高立群,王卫华,郑松玲.素质教育视域下大学生体育教学改革研究[M].长春:吉林人民出版社,2019.

[17]陈长魁.高校体育教学与管理研究[M].长春:东北师范大学出版社,2019.

[18]张力.体育课程教学优化及其与信息技术融合的探索[M].北京:中国书籍出版社,2019.

[19]王燕.多学科理论下学校体育课程体系的建设与发展研究[M].北京:中国书籍出版社,2019.

[20]李尚华,孟杰,孟凡钧.大学体育教学与管理实践[M].长春:吉林出版集团股份有限公司,2019.

[21]胡摇华.高校体育教学管理与改革[M].长春:吉林出版集团股份有限公司,2018.

[22]燕成,宋顺.现代高校体育教学管理与实践创新[M].北京:九州出版社,2018.

[23]唐丽霞.高校体育教学与管理[M].北京:兵器工业出版社,2018.

[24]王佳茵.高校体育教学管理信息化建设研究[M].哈尔滨:哈尔滨工业大学出版社,2018.

[25]任婷婷.高校体育教学管理改革与模式构建[M].长春:吉林大学出版社,2017.

[26]杨文东.新背景下高校体育教学及管理研究[M].北京:中国原子能出版社,2017.

[27]向政.高校体育教学方法改革与创新[M].北京:光明日报出版社,2016.

[28]周遵琴.高校体育教学改革与发展[M].成都:电子科技大学出版社,2015.

[29]刘吉峰,董丽波,常青.高校体育教学管理与实践研究[M].北京:中国商务出版社,2013.

[30]董一凡,牟少华.高校体育教育研究[M].昆明:云南大学出版社,2010.